AF502263

TRIPLE ALLIANCE

ET

ALSACE-LORRAINE

25176. — PARIS, IMPRIMERIE LAHURE
9, rue de Fleurus, 9.

QUESTIONS DU TEMPS PRÉSENT

TRIPLE ALLIANCE

ET

ALSACE-LORRAINE

PAR

JEAN HEIMWEH

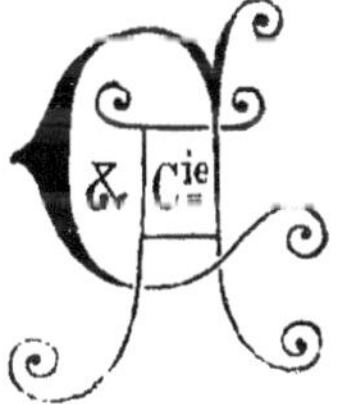

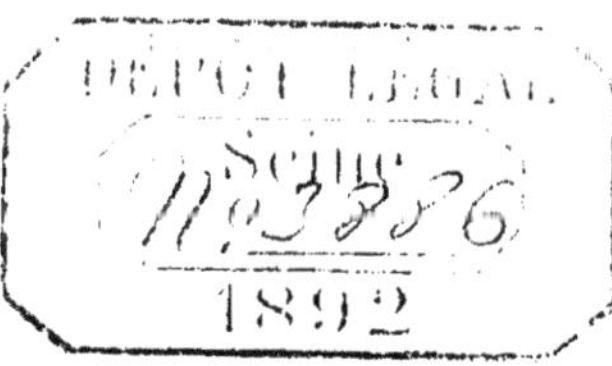

PARIS
ARMAND COLIN ET Cie, ÉDITEURS
RUE DE MÉZIÈRES, 5

1892

PRÉFACE

Jadis trois pâtres, dans un pré, firent serment d'affranchir leur patrie. De nos jours, trois couronnes, dans leurs palais, jurent et rejurent de tenir en esclavage l'Alsace-Lorraine.

Du serment des pâtres, de la triple alliance du Grutli, est sortie la Suisse, une République, où des hommes de races, de langues et de religions différentes, vivent, librement et fermement unis, sous la règle d'une loi démocratique. Pays foncièrement pacifique, armé, et bien armé, pour sa seule défense. Pays gouverné par l'opinion, où tout ce qui intéresse la nation se décide au grand jour, où le peuple, directement associé à la gestion des affaires publiques, tranche, par ses suffrages, les questions importantes. Le pays le mieux débarrassé de la tyrannie et des contraintes, de l'absolutisme et de la courtisanerie, de la jactance officielle et des ambitions disproportionnées; en définitive, de tous les pays, celui dont l'évolution sociale et politique est la plus avancée. Telle est l'œuvre des trois pâtres. Bien modeste en son début, elle s'est incessamment développée, affermie et perfectionnée.

Du serment des Couronnes, de la Triple Alliance de Berlin, est sortie l'Europe d'aujourd'hui, l'Europe de la paix armée, divisée en deux camps qui s'observent, se menacent et s'épuisent en armements insensés; l'Europe qui gaspille ses ressources en attendant qu'elle perde son sang à flots en de formidables tueries; l'Europe de l'absolutisme triomphant, où de soi-disant souverains constitutionnels engagent à long terme, par des pactes secrets, la fortune, la vie et l'honneur de leurs sujets; l'Europe de la force toute-puissante et du caporalisme sans frein, où l'on dispose des populations comme d'un bétail, où des provinces, bondées de troupes, passent à l'état de camps retranchés et de glacis de forteresses, où l'Alsace-Lorraine, ayant changé de maître, doit aussi changer d'âme et de conscience; l'Europe du régime des passeports, des murailles de la Chine, des supplices de caserne, des coups de fusil et des coups de sabre distribués à la population civile par les militaires, avec approbation des supérieurs; en un mot, l'Europe rendue au despotisme et à la barbarie. Telle est l'œuvre des trois couronnes. Elle n'en est encore qu'à son début. Les fruits ne sont pas formés. Nous ne voyons que les fleurs.

Je laisse à d'autres le soin de poursuivre entre ces deux œuvres, celle des manants et celle des altesses, une comparaison approfondie, et de tirer de cette comparaison les enseignements doctrinaux et les conséquences pratiques qu'elle est susceptible de suggérer. Je me contenterai d'examiner, dans les pages suivantes, l'un des côtés de la question, le côté sur lequel, parce qu'il me touche particulièrement, je puis avoir quelque compétence. J'envisagerai la Triple-Alliance dans ses rapports avec l'Alsace-Lorraine. Je considérerai successivement, sous ce point de vue, l'Allemagne, l'Autriche et l'Italie, et je terminerai en exposant, dans un dernier chapitre, les sentiments et les vœux d'un Alsacien-Lorrain.

Puisse le Congrès de la Paix, qui va se réunir à Berne, délibérer sous l'invocation des trois pâtres, dont l'héroïque résistance aux bourreaux de leur patrie porta de si beaux fruits de liberté et de paix! Puisse-t-il, s'inspirant des nobles sentiments de ces grands hommes, et encouragé par le succès de leur œuvre d'affranchissement, faire bon accueil aux vœux des Alsaciens-Lorrains opprimés. Puisse-t-il, en donnant à ces vœux une approbation publique, hâter l'avènement du jour où ils seront enfin exaucés!

29 juillet 1892.

TRIPLE ALLIANCE

ET

ALSACE-LORRAINE

CHAPITRE PREMIER

ALLEMAGNE

I

Après que, à deux reprises, ensuite de Leipzig et de Waterloo, les Allemands eurent envahi la France et occupé Paris, il semblait que les *Franzosenfresser*[1] les plus affamés dussent être à bout d'appétit. Nous pensions être quittes de revanches avec nos voisins d'outre-Rhin ; nous vivions en bons termes avec eux ; nous allions, non plus le sabre au poing, mais la poche garnie, boire, dans leur pays, de la bière et des eaux minérales, prendre, dans leurs universités, des airs de phi-

1. Mangeurs de Français.

losophie et perdre nos louis ou nos napoléons sur les tapis verts de leurs casinos. En Alsace, notamment, nous raffolions de Baden-Baden; nous dédaignions les Vosges pour la Forêt-Noire, et les sujets du Grand-Duc nous accueillaient avec empressement; Kehl était comme un faubourg de Strasbourg.

Quelques observateurs attentifs et avisés nous disaient bien : Méfiez-vous des paisibles Teutons. Ils ne vous ont battus jadis qu'avec l'assistance d'autrui; et, au jour du partage, leurs camarades les frustrèrent de la part qu'ils convoitaient. Ils prétendent maintenant vous battre à eux tout seuls et vous prendre l'Alsace et la Lorraine. Leurs professeurs ont établi leurs droits et tracé d'avance la nouvelle frontière sur les cartes destinées à l'instruction de la jeunesse. Prenez garde; armez-vous jusqu'aux dents; la Prusse, obsédée du désir de vous vaincre, de longue date tendue vers ce but, guette l'occasion d'entraîner l'Allemagne contre vous....

Ces paroles pleines de sagesse n'étaient point écoutées. La guerre survint comme nous y pensions le moins, et l'Alsace-Lorraine, conquise au premier choc, cédée au vainqueur par le traité de Francfort, est allemande depuis vingt et un ans.

Pourquoi l'Allemagne a-t-elle voulu prendre cette province? Pourquoi, malgré la résistance des populations annexées et malgré les charges énormes que lui impose la conservation de cette conquête, met-elle son honneur à la garder coûte que coûte? L'explication n'en est pas aussi claire qu'on pourrait le supposer. Divers motifs : droit de conquête, besoin de revanche, nécessité de se défendre, droits historiques, droits ethnographiques, sont allégués par les conquérants.

Droit de conquête. — La France a déclaré la guerre; elle a perdu la partie, c'est à elle de payer.

Besoin de revanche. — Depuis Louis XI, qui a mis la main sur une partie de la Bourgogne, la France n'a pas cessé de s'agrandir aux dépens de l'Allemagne. A mainte reprise, mais surtout sous Louis XIV et sous Napoléon, elle a indignement maltraité ce pays; ses armées l'ont ravagé à discrétion; elles en ont fait leur jouet et leur souffre-douleur. L'honneur national exigeait une revanche.

Nécessité de se défendre. — L'Alsace-Lorraine fait coin dans l'Allemagne. Elle est pour la France une excellente position offensive ; et la France est la plus remuante et la plus agressive des nations. Possédée par l'Allemagne, l'Alsace-Lorraine devient, pour les provinces du Rhin et les États allemands du sud, un solide rempart et un parfait glacis.

Droits historiques. — Pendant sept siècles l'Alsace-Lorraine a fait partie du Saint-Empire romain. Les empereurs de la grande époque, et notamment les Hohenstauffen, résidèrent souvent dans ses cités ou ses châteaux. Elle comptait de nombreuses villes impériales, dont Henri II enleva quelques-unes par surprise (les Trois Évêchés), et dont la principale, Strasbourg, fut traîtreusement saisie par Louis XIV.

Droits ethnographiques. -- La population du territoire annexé est, en majeure partie, allemande de race et de langage. C'est la marche vers l'ouest des peuples européens qui, de celtique, l'a rendue germanique. Cette marche est vieille comme le monde. Entravée par les Romains, recommencée par les Franks, contrariée par Charlemagne, reprise par ses successeurs allemands, arrêtée de nouveau et même refoulée par les Bourbons et par Napoléon, elle vient de retrouver son cours naturel grâce aux dernières victoires des armées allemandes. La germanisation de l'Alsace-Lorraine est dans l'ordre logique des choses ; bon gré mal gré il faut qu'elle s'accomplisse; la persistance en cette contrée de la langue allemande ne laisse aucun doute sur le juste fondement de cette nécessité, contre laquelle ne saurait prévaloir la vaine et passagère protestation des Alsaciens-Lorrains.

Telles sont les principales raisons produites par les Allemands dans leurs livres, journaux et discours politiques. On a pu les voir exposées dans les colonnes d'un journal parisien (*Figaro* du 5 mars 1892), qui avait demandé à divers personnages d'outre-Rhin leur avis sur la possibilité de neutraliser l'Alsace-Lorraine ou de la rétrocéder à la France. Selon leur éducation et leur tempérament, les Allemands donnent l'une ou l'autre de ces raisons. Professeur, militaire, publiciste, chacun argumente à sa manière, quitte à se rejeter sur un autre motif si on le pousse trop vivement sur celui qu'il a invoqué d'abord.

*
* *

Est-ce à dire que, sur cet objet, l'opinion du peuple allemand soit unanime? Ce serait une erreur de le croire. Les déclarations des députés socialistes sont assez connues. Que de fois MM. Bebel, Liebknecht et leurs amis ont proclamé devant le Parlement allemand que la conquête de l'Alsace-Lorraine, faite contre le vœu de la population, est un crime de lèse-nation et que, pour arrêter les funestes effets de ce crime, il faut absolument, de façon ou d'autre, s'arranger avec la France. De telles paroles soulevaient autrefois des tempêtes d'indignation dans le Reichstag; cette assemblée les écoute aujourd'hui sans s'émouvoir. Jadis l'enceinte du Parlement était, en Allemagne, le seul endroit où l'on osât réprouver publiquement l'annexion de 1871. La presse indépendante s'enhardit maintenant jusqu'à laisser transparaître de temps à autre la même réprobation. Un journal de l'Allemagne du sud, le *Neue Alb-bote* d'Ebingen (Wurtemberg), a publié en juin 1891 un article qui fit sensation dans la presse allemande et étrangère. On y lit les paroles suivantes, qu'il est bon de rappeler, quand ce ne serait que pour compléter la consultation du *Figaro*.

« Au fond, l'Alsace-Lorraine est la seule « pomme de discorde qui empêche les deux gran- « des nations civilisées de conclure une paix

« durable. Il faut le dire, l'Allemagne ayant été
« victorieuse, devrait généreusement aller au-
« devant de la France et amener, de quelque
« façon que ce soit, une entente. Nous ne vou-
« lons pas dire précisément que l'Allemagne de-
« vrait rendre à la France l'Alsace-Lorraine en
« échange d'une bonne colonie ou de quelques
« milliards, parce que les habitants de ces deux
« provinces inclinent à se réunir de nouveau avec
« leur ancienne patrie; mais il doit être permis
« de soulever et de discuter cette question sans
« froisser le sentiment national. »

Pour comprendre l'importance de cet article si bénin dans la forme, si réservé dans l'expression, il faut savoir que ses termes représentent la limite de ce qu'il est possible d'imprimer en Allemagne sur cette matière sans avoir affaire à la police et aux tribunaux. Une feuille socialiste bavaroise qui traita le même sujet, mais sans prendre la précaution d'adoucir son langage, fut aussitôt poursuivie et condamnée à 50 marks d'amende. Voilà qui donne la mesure de ce qu'est maintenant en Allemagne la liberté d'écrire, et montre, en même temps, par le risque qu'ont osé courir deux journaux de l'Allemagne du sud, que, malgré le Saint-Office prussien, l'utilité et la validité de l'annexion du Reichsland commencent à être publiquement discutées.

Si la discussion est encore bien timide, cela ne tient pas seulement aux rigueurs de la police, mais encore aux torrents d'injures vomis par la presse officieuse contre les détracteurs de l'annexion. Dans cette situation, la consultation du *Figaro*, pas plus que ce qui s'imprime couramment en Allemagne, ne pouvait fournir d'autres témoignages que ceux qu'elle a produits. M. Bebel, en particulier, ne pouvait point écrire autrement qu'il ne l'a fait. Quand il dit aux Français que son opinion sur la conquête de l'Alsace-Lorraine est bien connue, qu'il l'a amplement développée au Reichstag et qu'il juge superflu de l'exposer de nouveau, que faut-il comprendre par là, sinon que ce chef expérimenté d'un grand parti maintient ses précédentes déclarations, mais qu'il ne se soucie point d'encourir l'amende ou la prison pour le plaisir de répéter dans un journal français ce que lui, citoyen allemand, n'a le droit de dire impunément, et aussi la juste fierté de vouloir faire entendre, que devant les représentants de son pays. Aussi se contente-t-il de se moquer des négociateurs trop empressés qui proposent d'échanger des nègres contre des Alsaciens-Lorrains.

Je ne voudrais pas exagérer les conséquences des observations précédentes en attribuant une valeur excessive à l'appui que la cause de l'Alsace-Lorraine rencontre en Allemagne. Comme cet appui n'existe guère encore qu'à l'état latent, il est impossible d'en évaluer la puissance. Mais il ne faudrait pas non plus le rabaisser outre mesure. S'il était négligeable, la police n'en prendrait pas souci; elle ne l'empêcherait pas de se manifester; le confrère bavarois du *Neue Alb-bote* d'Ebingen n'eût pas été puni de 50 marks d'amende.

Remarquons aussi que les charges imposées par la paix armée, c'est-à-dire par la garde de l'Alsace-Lorraine, vont sans cesse croissant, et que le mécontentement populaire croit avec elles. C'est surtout ce mécontentement qui nous procure, chez les Allemands, je n'ose pas encore dire des amis, mais des auxiliaires, et qui, le temps et la misère travaillant à notre profit, nous en procurera de plus en plus. Il y a donc incontestablement, chez nos vainqueurs, un parti favorable à notre cause, et ce parti grandit constamment.

Dans le moment actuel, la masse des Allemands nous est hostile. Nos ennemis sont tout-puissants et ont seuls le droit de parler. C'est avec eux, par suite, qu'il faut compter. Ce sont leurs arguments qu'il importe de rétorquer, non pas tant, sans doute, pour convaincre d'implacables adversaires, que pour détruire l'effet de leurs allégations sur les étrangers et les indifférents, que pour montrer aussi les funestes conséquences des principes qui les dirigent.

II

Si l'on considère dans leur ensemble les motifs allégués en faveur de la conquête, on est frappé, comme l'a si justement observé et si bien dit M. Lavisse[1], de leur caractère arriéré et en quelque sorte barbare. Droit de conquête, besoin de revanche, nécessité de précautions défensives, droits historiques, droits ethnographiques, que signifient ces mots, si ce n'est la guerre érigée en système, perpétuée par la méfiance, légitimée par la glorification d'idées et de passions rétrospectives, et par l'exaltation des dissemblances physiques et morales qui existent entre les hommes. Que justifient ces mots, sinon la restauration d'un lointain passé, imposé de force à des populations que ce retour stupéfie et exaspère, l'impitoyable

1. E. Lavisse, *Parole française*. *Figaro* du 14 mars 1892.

restitution archéologique d'un état de choses disparu depuis deux siècles. Maudite soit à jamais l'archéologie, tant cultivée de l'autre côté du Rhin, si elle nous vaut de telles misères!

Droit de conquête. — De toutes les raisons données par les Allemands, la moins mauvaise, à coup sûr, est le droit de conquête, mais à une condition : c'est que la France ait provoqué la guerre, et que l'Allemagne, restée victorieuse sans avoir cherché la lutte, n'ait dépouillé son antagoniste que pour lui infliger une forte et salutaire leçon. Cela ne suffirait point, il est vrai, pour autoriser la violence faite aux Alsaciens-Lorrains, mais du moins y aurait-il à cette violence une excuse plausible. Or, voici que l'hypothèse de la France provocatrice, naguère si bien accréditée, est désormais irrecevable. On savait que la Prusse se trouvait, en 1870, prête à faire la guerre et impatiente de l'entreprendre. On savait aussi que ses hommes d'État et ses généraux se désolaient à l'idée que cette guerre pût manquer. Mais ce qu'on ne savait pas encore avec une certitude complète, bien que M. Liebknecht l'eût dit autrefois (au prix naturellement d'une forte amende), c'est que les ministres prussiens, ayant sujet de craindre que le conflit ne fût conjuré, fabriquèrent la fausse dépêche, datée d'Ems, qui mit le feu aux poudres et rendit la lutte inévitable. Le fait est relaté dans les mémoires du maréchal de Roon. Dès lors, il n'est plus permis de prétendre que la France ait été l'instigatrice de la guerre. C'est le conseil des ministres prussiens qui a joué le rôle d'agent provocateur.

Les Allemands font, il est vrai, grand tapage des velléités d'agrandissement territorial qui s'étaient manifestées en France, de celles entre autres qu'avait laissé paraître Napoléon III; mais combien ces velléités étaient vagues et inconsistantes à côté du dessein de longue date médité, arrêté et préparé par eux! Dès 1841, leur grand tacticien, M. de Moltke, exposait en ces termes, dans la *Revue trimestrielle allemande*, la théorie des revendications de son pays sur l'Alsace-Lorraine et de la méthode à suivre pour entrer en possession.

« Si l'on juge la question au point de vue « national et qu'on considère que les frontières « des nations doivent être fixées d'après la langue, « le Rhin est à nous entièrement avec la rive « droite et la rive gauche, car sur tout le terri- « toire qu'il traverse on parle l'allemand depuis « quatorze cents ans, de sorte que la France n'a

« aucun droit à revendiquer la rive gauche : « c'est nous qui avons des droits à faire valoir sur « l'Alsace et la Lorraine. Et si, pour finir, on se « met au point de vue du droit, tel qu'il a été « établi par les derniers Traités, évidemment la « possession injuste de l'Alsace et de la Lorraine « par la France a été consacrée. Mais si la France « ne reconnaissait plus ces Traités et *commen-* « *çait une guerre*, nous aurions à nous unir dans « la ferme résolution, et cela avec l'aide de Dieu « qui donnera la victoire au bon droit, de ne « plus consentir à un traité sur les anciennes « bases. Nous ne remettrions plus l'épée au « fourreau avant d'avoir conquis tout notre droit, « avant que la France nous ait payé toute sa « dette. »

Cette tactique a été suivie de point en point. Elle a été rigoureusement réduite en faits par l'homme qui l'avait tracée vingt-neuf années auparavant. Il fallait que la France commençât la guerre. Avec l'aide de Dieu et du télégraphe, on y a pourvu. Et l'Alsace-Lorraine, marquée d'avance aux couleurs allemandes, a payé la dette de la France, cette vieille dette, prescrite et caduque, d'ailleurs légalement réglée, que le débiteur croyait éteinte, mais que le créancier reportait soigneusement, sur son Grand Livre, de feuillet en feuillet, sans oublier de faire aussi la somme des intérêts qui a fini par se chiffrer en milliards.

Certes, les velléités conquérantes de la France, vouée alors à la politique sentimentale et cosmopolite, ces velléités, si indécises dans leur objet, n'étaient que d'éphémères caprices, de simples lubies, auprès de la froide et implacable résolution de l'Allemagne de ravoir l'Alsace-Lorraine. Les Allemands, d'ailleurs, avaient d'autant moins le droit de se prévaloir de ces folles visées, presque aussitôt évanouies qu'écloses, qu'ils les avaient eux-mêmes perfidement encouragées. Et encore faut-il observer que le mot de conquête n'avait pas, pour la France, la même signification que pour l'Allemagne. Pour celle-ci, ce mot représentait une prise de possession fatale, imposée par force à la population annexée. Pour celle-là, l'entrée en possession comportait le consentement explicite et formel de la population. Il ne venait point à l'esprit d'un Français du second Empire que la France pût s'agrandir au mépris de la volonté des hommes dont elle joindrait le pays à son territoire.

Les Allemands toutefois ne distinguent pas entre ces deux modes d'annexion. Pour eux, la réunion de l'Alsace-Lorraine à l'Allemagne équivaut à celles de la Savoie, de Nice, ou même de la Corse, à la France. Ce sont là des choses, à leur gré, toutes pareilles. Ils le disent ouvertement, et peut-être n'y a-t-il pas toujours tartufferie de leur part à le dire. Ce consentement des populations, auquel on attache tant d'importance en France, et que l'Italie tenait naguère pour la pierre angulaire de l'édifice national, ne paraît être, à leurs yeux, qu'une formalité de peu de conséquence, abusive ou illusoire. Mais alors, pourquoi refuser aux Alsaciens-Lorrains la satisfaction de remplir cette vaine formalité? Puisqu'on prétend les assimiler aux Niçois, pourquoi ne les traite-t-on pas de tous points comme ceux-ci? Ils ne demandent au fond qu'une seule chose, c'est que l'accomplissement en leur pays du vote plébiscitaire réalise enfin cette assimilation dont on a l'impudence de leur rebattre les oreilles comme si elle existait effectivement.

Il ne suffit plus aujourd'hui, pour conquérir une province, de mettre la main sur tant de kilomètres carrés de champs, de prairies et de forêts, sur tant de villes et tant de villages, de placer des bornes et des douaniers tout alentour et, à l'intérieur, des gendarmes et des collecteurs d'impôts. Il faut en outre faire des conquêtes immatérielles, gagner les intelligences et les âmes.

Non-seulement les Allemands n'y ont pas réussi en Alsace-Lorraine, mais ils n'ont pas même essayé d'y parvenir. En antiquaires convaincus, ils ont opéré à l'ancienne mode. Ce droit de conquête, dont ils s'étaient prévalus, ils se sont montrés incapables de l'exercer dans la forme requise par les progrès de l'humanité. Ils ont encouru la condamnation la plus irréfragable, celle qu'on s'inflige à soi-même par son propre aveuglement et sa propre impuissance.

*
* *

Besoin de revanche. — Jusqu'où faudra-t-il revenir en arrière pour compter les griefs? Une nation savante, qui connaît son histoire et qui remonte aux sources, ne saurait s'arrêter à Napoléon ni à Louis XIV. S'en tiendra-t-elle à Henri II? Ira-t-elle jusqu'à Louis XI? Voudra-t-elle, avec le jeune *vieil Allemagne* dont parle Henri Heine, pousser jusqu'à Charles d'Anjou, qui fit décapiter Conradin de Hohenstauffen? En vérité, nous n'en savons rien. Mais ce que, par contre, nous savons parfaitement, c'est qu'il n'est pire sottise, pour les vivants, que de réchauffer les querelles des morts, pire folie que de se tailler en pièces les uns les autres en considération de passions rétrospectives et de dissentiments archéologiques, pire attentat contre la civilisation que d'exciter les *vendette* de peuple à peuple. La persistance des vieilles rancunes internationales est un trait caractéristique de la barbarie des mœurs. Il n'est rien de plus opposé aux enseignements de l'Évangile et à l'esprit du Christianisme, dont cependant la nation allemande, avec la modestie qu'on lui connait, se flatte d'être pénétrée plus qu'aucune autre nation.

Si d'ailleurs on avait la patience de peser scrupuleusement les torts et les dommages réciproques, de mettre exactement dans chaque plateau de la balance la somme des haines, des carnages, des pillages, des violences et des tromperies de toute sorte qui ont fait couler, de chaque côté, des flots de sang et de larmes, il est très probable que l'équilibre s'établirait à bien peu de chose près. Car les limites des États rivaux, France et Allemagne, n'ayant en définitive guère varié depuis les premiers successeurs de Charlemagne, les succès et les revers, les méfaits et les ruines ont dû se compenser sensiblement de part et d'autre. Que les Allemands cessent donc de récriminer. Ils ont pris l'habitude de ne retenir que certains faits, de ne considérer que leurs propres griefs. Cela est antiphilosophique ; cela est indigne de la haute culture dont ils se targuent, et de cette large compréhension de l'univers dont ils s'accordent le privilège.

*
* *

Nécessités de la défense. — *Si vis pacem, para bellum*, dit la sagesse des nations, ou plutôt la sagesse des Romains. « *Metz vaut cent mille hommes, gardons Metz* », a dit plus tard le maréchal de Moltke. En allemand comme en latin, c'est la théorie de la paix armée, de cette paix déjà lourde à porter au temps de Rome antique, mais qui, bien plus lourde aujourd'hui, grâce au progrès de toutes choses, est devenue intolérable. Je ne prétends pas dire qu'il faille pousser l'abnégation ou l'optimisme jusqu'à négliger les précautions défensives; mais on tombe dans un autre excès, plus fâcheux que la négligence, lorsque, sous prétexte de se mieux protéger soi-même, on impose au vaincu des conditions trop dures, des conditions qu'il ne puisse accepter qu'avec l'intention de s'en affranchir à la première occasion.

Il n'y a, pour le vainqueur, que deux partis à prendre après la victoire : ou réduire l'adversaire à l'impuissance en l'accablant, ou se le concilier en le traitant honorablement. L'Allemagne n'a suivi ni l'une ni l'autre de ces méthodes. Elle a démembré la France, mais sans l'écraser; elle l'a profondément humiliée et cruellement blessée, mais sans l'abattre. Sans doute l'attitude des assistants ne lui a pas permis, après qu'elle eut renversé son ennemi, de l'achever; mais alors, puisqu'elle ne pouvait pas pousser la rigueur jusqu'au bout, elle aurait dû, en bonne politique, se tenir à l'autre parti, celui de la générosité.

La France lui avait donné, sous ce rapport, un bel exemple à suivre. Cette nation si vindicative et si agressive, au dire des Allemands, a su renoncer d'elle-même, sans l'avoir assouvie, à une haine nationale invétérée, à cette haine des Anglais, léguée par l'ancienne monarchie, que les guerres de l'Empire et la captivité de Sainte-Hélène avaient portée au paroxysme. La France se serait assurément, même après ses derniers désastres, plus facilement rapprochée de l'Allemagne, contre laquelle, en définitive, elle ne nourrissait aucune inimitié, qu'elle ne s'était auparavant rapprochée de l'Angleterre. Sa défaite ne l'avait ni humiliée, ni diminuée moralement. Grâce à de sanglants sacrifices, courageusement offerts, son honneur était resté sauf. Elle pouvait donc, si l'Allemagne lui avait tendu la main, serrer cette main sans embarras, et tous ceux qui connaissent la France d'aujourd'hui affirmeront qu'elle l'eût fait loyalement et avec reconnaissance.

Mais l'Allemagne vit dans le monde rétrograde, farci de préjugés historiques, que ses professeurs lui ont fabriqué sur commande. Elle croit à l'incorrigible perversité des Français et à l'affection latente des Alsaciens-Lorrains pour la patrie allemande. C'est pourquoi elle a voulu, sur l'injonction de ses chefs, serrer de force l'Alsace-Lorraine dans ses bras et rester hargneusement sur la défensive vis-à-vis de la France.

∴

Droits historiques. — L'Alsace, gauloise d'abord, ensuite romaine, puis franque, n'est devenue allemande qu'au xe siècle. Après être restée telle pendant sept siècles, elle a passé sous la domination des Français, qui a duré deux siècles. Depuis vingt et un ans elle est redevenue allemande. C'est pour rendre raison de ce dernier changement que les Allemands excipent de leurs droits. Ils prétendent que les sept siècles de leur domination ancienne font seuls titre. Ils récusent les signatures de leurs ancêtres apposées depuis lors sur nombre d'actes authentiques et solennels. Ils refusent de reconnaître les Français pour leurs successeurs légaux dans la souveraineté de l'Alsace-Lorraine. Ils s'obstinent à les représenter comme des usurpateurs. Ni la paix de Westphalie, ni les traités de Nimègue, de Ryswick et d'Utrecht, ni ceux de Vienne, n'ont de valeur à leur gré.

C'est ce qu'ils expriment en disant que « *depuis le Traité de Francfort il n'y a plus de question d'Alsace-Lorraine* » ; déclarant ainsi que jusque-là, malgré les traités antérieurs, cette question restait ouverte, et que le seul traité de Francfort a eu la vertu de la clore. Opinion tout au moins bien particulière à leur nation, car il faut convenir que si la question d'Alsace-Lorraine existait avant 1870, c'était pour la seule Allemagne, à l'insu du reste de l'Europe, tandis que, depuis 1870, elle est, d'un aveu quasi-unanime, devenue publique et générale. Loin d'avoir disparu, elle crève les yeux, elle écrase ostensiblement le monde civilisé.

Le raisonnement des Allemands est d'autant mieux fait pour surprendre que les traités garantissant l'Alsace-Lorraine à la France sont des pactes européens, alors que le traité détachant l'Alsace-Lorraine de la France est une convention particulière entre cet État et l'Allemagne. On conçoit difficilement qu'un contrat formé par deux parties annule des actes plus étendus passés entre un plus grand nombre de contractants. Et il paraît encore plus extraordinaire qu'il en soit ainsi lorsque les États dont l'assentiment n'a pas été demandé ont cruellement à souffrir des effets produits par le nouvel ordre de choses.

Mais, disent nos maitres, c'est par surprise et astuce que les Français se sont emparés de l'Alsace-Lorraine; c'est par guet-apens qu'ils ont saisi Strasbourg. Dans la bouche des perdants, de telles accusations servent ordinairement d'excuse à la défaite. Sans doute la France n'intervint par les armes que pendant la dernière période de la guerre de Trente Ans, après que la mort de Gustave-Adolphe, les revers des Suédois et l'épuisement des protestants l'eurent contrainte de mener elle-même la charge contre la maison d'Autriche. Mais elle fit alors de grands efforts et son action fut décisive. Aussi quand des Allemands viennent dire qu'elle survint après la lutte pour ramasser le butin que les Suédois et Bernard de Saxe-Weimar avaient gagné, sont-ils obligés, pour donner un air de vraisemblance à cette allégation, de prononcer à peine les noms de Condé et de Turenne, d'omettre des batailles comme celles de Rocroi, de Fribourg et de Lens, et de réduire la dernière phase de la guerre de Trente Ans, dans laquelle furent engagés presque tous les États de l'Europe, aux campagnes en pays allemand des généraux suédois. C'est ce qui a été fait avec une inexcusable mauvaise foi dans des livres destinés à l'instruction de la jeunesse allemande[1].

Sans doute, les droits de la France sur Strasbourg n'étaient point, à beaucoup près, aussi formellement établis que ceux de cette puissance sur le reste de l'Alsace. Ils l'étaient néanmoins d'une manière suffisante. Ces droits résultent de la clause de l'article 87 du Traité de Munster où les avantages de l'*immédiateté* sont conférés à Strasbourg en même temps qu'à d'autres États de l'Alsace expressément cédés à la Couronne de France. C'était bien plus qu'il n'en aurait fallu à un Frédéric II de Prusse pour qu'il se crût autorisé à mettre la main sur la ville. Les droits de ce prince sur la Silésie étaient bien autrement contestables que ceux de Louis XIV sur Strasbourg. Et cependant les Allemands n'ont pas assez d'injures pour flétrir le roi de France qui réunit Strasbourg à ses États, à la barbe d'un

1. Par exemple dans l'*Histoire d'Allemagne* par Kohlrausch, ancien professeur, inspecteur général de toutes les écoles supérieures du royaume de Hanovre, ouvrage paru peu avant 1840 et qui, tiré à un grand nombre d'éditions, se répandit beaucoup en Allemagne. L'aversion et le parti pris contre la France s'y manifestent crûment. C'est par de pareils livres que fut nourrie et propagée de l'autre côté du Rhin cette haine furieuse de l'ennemi héréditaire qui continue d'obséder les cervelles germaniques. L'ouvrage de Kohlrausch a été traduit en français.

Empereur d'Allemagne, la Diète de l'Empire étant assemblée, alors qu'ils passent complaisamment l'éponge sur le cas du roi de Prusse, qui profita de la jeunesse et de la faiblesse d'une femme, héritière mal reconnue de la couronne d'Autriche, pour se jeter à l'improviste sur la province qu'il convoitait. Non seulement ils l'excusent, mais ils le comparent, sur cet exploit, à Charlemagne et à Gustave-Adolphe[1].

En réalité, la conquête de l'Alsace par la France, ou plutôt sa réunion à ce pays, car, relativement à ce qui s'est passé en 1870, l'annexion du XVIIe siècle se fit pour ainsi dire sans violence, cette réunion, dis-je, fut un événement de haute valeur et de grande portée pour l'évolution politique et religieuse de l'Allemagne. Sa préparation a duré plus d'un siècle. C'est l'Allemagne protestante qui, par ses appels réitérés, ses incessantes demandes de secours et de protection, amena les Français sur les bords du Rhin. Ils se firent d'abord tirer l'oreille pour y aller : François Ier, sollicité d'intervenir, se contenta de donner de bonnes paroles. Henri II fut plus entreprenant. Ayant agréé les offres d'alliance de la Saxe, du Brandebourg, de Nuremberg et de Stras-

1. KOHLRAUSCH, *Histoire d'Allemagne*. Traduction française de la onzième édition. Bruxelles, 1859.

bourg, il s'avança jusqu'en Alsace et s'empara, chemin faisant, de Metz, Toul et Verdun, dont ses alliés lui avaient libéralement fait cadeau aux dépens de l'Empire. Henri IV, grand ami des protestants d'Allemagne et particulièrement de la ville de Strasbourg, n'eut pas le loisir d'exécuter son « grand dessein » formé contre l'Autriche pour la paix de l'Europe. Après lui éclata le formidable orage de la guerre de Trente Ans, à la suite duquel l'Alsace, passée de fait au pouvoir de la France, lui fut cédée, tandis que la Suède recevait la Poméranie occidentale avec quelques territoires maritimes, et que les princes protestants obtenaient aussi des *satisfactions* à leur convenance. En même temps, la question des biens ecclésiastiques fut réglée, la liberté religieuse garantie, la constitution de l'Empire modifiée et l'autorité de l'Empereur notablement amoindrie. Enfin l'indépendance de la Suisse et celle de la Hollande furent officiellement reconnues.

L'intervention de la France avait sauvé, puis émancipé les protestants. Sans elle, qui sait si un Ferdinand II d'Autriche, vainqueur des hérétiques, n'eût pas traité l'Allemagne comme un Philippe II d'Espagne avait traité les Pays-Bays. La cession de l'Alsace a payé, pour l'Allemagne, le prix de la liberté de conscience. On trouve aujourd'hui ce prix bien élevé; il ne semble pas cependant que les contemporains l'aient jugé excessif. Encore à la fin du dernier siècle, Schiller s'applaudissait des résultats obtenus.

Mais il ne suffisait pas que la France et ses alliés eussent battu l'empereur et lui eussent imposé leurs conditions. Il fallait encore veiller à ce que ces conditions fussent observées. La meilleure sûreté était, à cet égard, l'établissement de la France en Alsace. Assise sur les bords du Rhin, la France se trouvait en mesure de jouer le rôle de protectrice des libertés germaniques, que lui avaient attribué les traités de Westphalie. Non seulement elle était à même de remplir efficacement cet office, mais elle était poussée, par son intérêt particulier, à s'en acquitter avec sollicitude. Ainsi la cession de l'Alsace à la France fut tout ensemble le prix et la garantie de la liberté religieuse et de l'émancipation politique de l'Allemagne.

C'est ce qu'ont su reconnaître les princes allemands. Ils furent, en général, contents de trouver dans le roi de France appui et protection contre leur propre souverain qui, d'empereur d'Allemagne, se transformait de plus en plus en empereur d'Autriche. Si la Prusse est devenue ce qu'elle est, si elle s'est transmuée d'un électorat en un royaume et d'un royaume en un empire, elle le doit aux effets persistants de la guerre de Trente Ans et des traités de Westphalie. C'est grâce à la France qu'elle a pu se soustraire peu à peu à la suprématie de l'Autriche et croître en forces et en indépendance. Le fondateur de sa puissance, son Grand Électeur Frédéric-Guillaume, tant admiré par son descendant, l'empereur Guillaume II se repentit bien vite d'avoir, pour une fois, combattu les Français. Afin d'éviter plus sûrement de retomber dans cette faute, il se fit grassement pensionner par Louis XIV ; mais son zèle se manifesta surtout de suite après la réunion de Strasbourg. Il s'employa si bien à la Diète de l'Empire, alors assemblée à Ratisbonne, que, malgré l'empereur, qui voulait la guerre, une trève laissant Strasbourg à la France fut conclue pour vingt ans.

Sous le canon de Strasbourg s'est ainsi lentement formée l'Allemagne d'aujourd'hui. Mais, à mesure que la Germanie prit des forces et qu'un appui étranger lui devint moins nécessaire, elle perdit de vue l'utilité du secours que la France lui avait apporté. Bien plus, elle oublia qu'elle avait sollicité ce secours. Elle se persuada que ses intérêts n'avaient jamais été solidaires de ceux de la France ; que les perfides Velches avaient traitreusement divisé, corrompu, bafoué les loyaux et honnêtes Allemands, et leur avaient indignement volé l'Alsace et la Lorraine.

Tant que l'Autriche tint le premier rang chez nos voisins, ceux-ci en restèrent aux paroles contre la France. C'est surtout à l'Autriche qu'avait été prise l'Alsace, et l'Allemagne ne se souciait pas de faire la guerre pour la lui rendre. Mais, après Sadowa, l'Autriche ayant été expulsée de l'Allemagne et l'aurore d'un nouvel Empire commençant à poindre, le moment vint de passer des paroles à l'action. La conquête de l'Alsace-Lorraine par la France avait autrefois servi les intérêts de la Prusse. La conquête de l'Alsace-Lorraine par l'Allemagne fut pour servir le même intérêt. C'est au profit de la Prusse que la première conquête avait désuni l'Allemagne et démembré l'Empire. C'est encore à son profit que la deuxième conquête a unifié l'Allemagne et restauré l'Empire.

Mais, en nous reprenant l'Alsace-Lorraine après l'avoir cédée, l'Allemagne ou la Prusse — c'est tout un aujourd'hui — n'a pensé qu'à elle-même : elle ne s'est pas plus occupée de l'opinion des Alsaciens-Lorrains que l'on ne s'occupe, en entrant en possession d'une ferme, de l'opinion des habitants de l'étable. Or nous nous flattons de n'être pas du bétail et il nous répugne profondément d'être traités comme tel. Et parce que nous avions beaucoup gagné à devenir Français et que nous avons beaucoup perdu à cesser de l'être, nous avons protesté et protesterons sans relâche contre la misérable et dégradante condition que nous a imposée l'Allemagne. Que nous importent les prétendus droits historiques; ils ne sont ni bons ni mauvais, ils n'existent plus; ils sont rongés par les vers comme les corps inanimés de ceux qui s'échauffèrent pour les défendre. Vénérons nos ancêtres, mais laissons-les pieusement dans leurs tombes. Pour Dieu! messieurs les professeurs, n'exhumez pas les morts, et surtout ne nous liez point à leurs cadavres.

⁂

Droits ethnographiques. — Au lieu de l'Alsace, que lui donna le traité de Munster, la France eût préféré la Lorraine. Celle-ci confinait à son territoire; celle-là, plus éloignée, en était presque détachée. On parlait allemand dans la première et français dans la seconde; mais la Lorraine avait un duc et l'Alsace n'en avait pas. Peu importaient alors la race et le langage des sujets. La grosse affaire était le maintien ou la dépossession d'un duc.

Mais si la question de race et de langage n'a

été de nulle considération dans les arrangements pris à Munster, et s'il ne paraît pas qu'on en ait davantage tenu compte dans les traités qui confirmèrent à la France la possession de l'Alsace, c'est donc que cette question, étrangère à la discussion des actes primitifs, ne fut introduite que plus tard. Il importe de le constater, parce que les Allemands attribuent, en tant que caractères significatifs de la nationalité, une valeur prépondérante aux affinités de race et de langage. Dans son article précité, M. de Moltke néglige les arguments tirés de l'histoire pour s'en tenir à ceux fournis par l'ethnographie et la linguistique, déclarant que *les frontières des nations doivent être fixées d'après la langue* et que *depuis quatorze cents ans on parle l'allemand sur les deux rives du Rhin*.

Cet argument tout moderne ne saurait avoir d'autre valeur que celle que peut acquérir une opinion. En employant ce mot, je ne cherche nullement à diminuer l'importance du courant d'idées auquel je l'applique. Je voudrais seulement faire ressortir la nouveauté et l'arbitraire de ce courant d'idées par rapport aux préoccupations des signataires du traité de Munster, et tirer de cette observation la conséquence suivante : puisque le titre sur lequel se fondent principalement les Allemands pour affirmer leur droit de possession sur l'Alsace-Lorraine est un titre de fraiche date, introduit par une connaissance plus avancée des liens qui réunissent les hommes en nations, d'autres titres de même origine, s'il en existe, ne seront pas moins recevables. Ils seront même supérieurs au premier s'ils témoignent d'une conception encore plus complète de la nature de ces liens.

Or qui pourrait nier qu'il n'y ait un grand progrès à fonder une annexion sur le libre consentement de la population annexée plutôt que sur de simples conformités de race et de langage. Ces conformités ne déterminent en somme que des présomptions. Outre les caractères ethnographiques, bien d'autres circonstances, les unes physiques, les autres morales, peuvent influer sur la formation du lien national : la configuration du sol, les facilités de communication, les ressources industrielles, les relations commerciales, les traditions, les usages, les mœurs, la législation, la religion, les institutions, les droits civils et politiques. On peut dire que plus une société sera perfectionnée, plus l'influence des circonstances morales l'emportera sur celle des circonstances ethnographiques et physiques; témoin la Suisse, où des libertés et des droits très étendus, conférés à tous les citoyens par une constitution démocratique, unissent ensemble des hommes très différents de race, de langage et de religion, séparés parfois les uns des autres par de formidables obstacles naturels.

Dès lors, pourquoi accorder arbitrairement une valeur décisive à l'un ou à l'autre de ces caractères qui, selon les temps et les lieux, contribuent dans une mesure si variable à la formation du lien national? Pourquoi trancher d'autorité, sans impartialité ni compétence, une question très délicate, dont il serait si simple et si équitable de laisser la solution à ceux-là seuls qui sont capables de la donner? Qu'on les consulte donc! Leur réponse librement faite exprimera leurs vrais sentiments et fera connaître, non par les formes matérielles de la pensée, mais par cette pensée elle-même, leur véritable patrie. En dehors de l'exercice du droit de conquête, il n'y a, pour fixer la nationalité d'un territoire contesté, d'autre solution logique que le recours au plébiscite.

Ce n'est toujours pas au nom d'une loi supérieure qui pousserait fatalement les peuples vers l'ouest, que ce recours devrait être rejeté. Sans doute cette poussée vers l'ouest s'est produite autrefois, mais il y a longtemps qu'elle est arrêtée; et il faut bien reconnaître que si une migration générale s'accomplit de nos jours, c'est en sens inverse, vers l'est, qu'elle se porte. N'est-ce pas dans cette direction que marche la Russie, soit en Sibérie, soit dans le Turkestan et la Perse? que s'avance l'Autriche? qu'aspirent à progresser l'Italie, la Grèce, les principautés des Balkans? que se mut aussi l'Allemagne tant que la Russie lui fut ouverte? C'est commettre un anachronisme que parler aujourd'hui d'une poussée des peuples vers l'ouest; et il faut que les souvenirs de la grande invasion soient restés bien vivaces dans les cervelles germaniques pour qu'une pareille idée continue à les hanter.

Excusons cependant leur erreur. Une invasion particulière, celle des Prussiens, s'est répandue sur l'Allemagne; et comme elle se propage de l'est vers l'ouest, c'est elle qui aura, sans doute, donné le change aux Allemands. Ils se sont crus reportés de quinze siècles en arrière. Ils s'imaginent être revenus au temps de l'invasion des barbares, et il faut convenir qu'ils peuvent s'y tromper.

III

Y a-t-il, en Allemagne, des hommes d'une instruction solide, connaissant bien l'histoire, capables de juger impartialement les événements et les hommes? Il y en a certainement beaucoup; on peut même dire que l'Allemagne est un des pays qui en possèdent le plus.

Y a-t-il, en Allemagne, des hommes de bonne volonté, soucieux du bien, amis de la paix et de la justice, ennemis de la violence et du mensonge? Certes oui; et l'on peut dire encore que l'Allemagne est un des pays qui en comptent le plus grand nombre.

Mais alors, comment se fait-il qu'une nation aussi éclairée, qu'un peuple à tout prendre aussi moral suscite en Europe l'écrasant et barbare régime de la paix armée? impose aux Alsaciens-Lorrains l'infâme régime des passeports et les plus basses persécutions? traite d'ennemis héréditaires ses voisins et d'ennemis de l'Empire une partie de ses propres citoyens? laisse infliger, dans ses casernes, à ses propres enfants, ces odieux traitements, dont le lamentable récit stupéfie et révolte le monde civilisé? Comment d'aussi flagrantes contradictions peuvent-elles exister entre des idées et des faits qui devraient se lier étroitement les uns avec les autres, entre les sentiments d'un peuple et ses actions?

C'est, hélas! que la culture politique des Allemands est extrêmement inférieure à leur culture intellectuelle et morale. Quoi, par exemple, de plus hétéroclite et de plus incohérent que la constitution de l'empire d'Allemagne? Un souverain héréditaire et absolu, choisissant à son gré chancelier et ministres et, à côté de lui, un parlement élu par le suffrage universel, fait néanmoins pour obéir et que le maître sait mater au besoin, quand l'affaire en vaut la peine, en un mot, suivant l'heureuse expression du chancelier de Caprivi, un parlement, mais, Dieu merci, point de régime parlementaire!... puis encore, sous le nom de Conseil fédéral, une assemblée d'ombres, déléguées par des fantômes de souverains, qui ont l'air de gouverner des simulacres d'États avec des apparences de ministres et des semblants de semblants de parlements; espèce de décor historique, placé derrière le trône impérial en manière de toile de fond, pour empêcher les regards de s'étendre vers l'horizon, pour les ramener sur d'augustes images et rappeler aux peuples que le premier devoir de tout sujet allemand est de payer tribut à tous ses maîtres, présents et passés....

Mais, qu'on y prenne garde; dans cette organisation bizarre l'incohérence n'est peut-être qu'apparente. Parlement et Conseil fédéral sont institués tous deux au profit du pouvoir suprême. L'office du Parlement est de ruiner l'autorité des États secondaires; la fonction du Conseil fédéral est de tenir en bride le Parlement; et, tandis que l'esprit moderne et l'esprit du moyen âge sont ainsi mis aux prises l'un avec l'autre, le despotisme impérial s'exerce plus librement. Telle a été du moins la fin qu'a recherchée l'auteur de cette constitution et qu'il a su réaliser avec l'énergie et l'absence de préjugés que l'on sait. Mais depuis que le chancelier de fer n'est plus sur la scène, la schlague à la main, pour surveiller le jeu des acteurs, ceux-ci en prennent à leur aise. Ils récitent leurs rôles à tort et à travers, et Dieu sait comment finira la représentation.

Le vice constitutionnel de l'organisme politique allemand est que cet organisme a été fondé par la violence et se maintient par la contrainte. La Prusse, dans ses entreprises, a toujours, de parti pris, employé la force, soit au dedans, vis-à-vis de ses nationaux, soit au dehors, vis-à-vis de ses voisins. Avant la guerre de 1866, le roi de Prusse bravait et bafouait son propre Parlement, qu'il aurait pu, sans doute, avec une attitude moins provocante, associer à ses desseins. Pendant la même guerre, ce souverain eut à combattre, outre l'Autriche, presque toute l'Allemagne, qui ne demandait pourtant qu'à se laisser conduire à l'unité. Mais il aurait fallu, pour l'y amener de bonne grâce, prendre des dehors avenants, faire quelques concessions aux idées libérales ; et le roi de Prusse, sanglé dans son uniforme et immuable dans ses principes, a mieux aimé garder son air rogue et imposer l'unité à coups de sabre.

Avec de tels moyens d'action, il ne pouvait obtenir de l'union que son apparence extérieure. En 1870, c'est M. de Moltke qui l'a dit, l'unité de l'Allemagne n'existait pas. Pour l'établir, c'est encore à la force que, fidèle à son système, la Prusse a eu recours. Elle entraîna l'Allemagne dans une guerre contre la France. Elle associa tous les Allemands dans une œuvre de haine et de violence fomentée de longue date, mais qui, c'est encore M. de Moltke qui l'a déclaré[1], n'eût pas sans doute reçu d'exécution si l'unité avait été faite par d'autres moyens.

C'est, en définitive, sur la conquête de l'Alsace-Lorraine que s'est fondée cette unité ; et c'est par la nécessité de défendre en commun cette conquête qu'elle se maintient. Pour rester unis, les Allemands sentent encore le besoin d'avoir des adversaires, et les meilleurs sont, pour eux, les Français, dont ils s'assurèrent l'hostilité en leur prenant l'Alsace-Lorraine. Ils ne sont d'ailleurs pas pressés de recommencer la guerre. La victoire

1. Discours prononcé au Reichstag le 14 avril 1874.

pourrait leur être presque aussi préjudiciable que la défaite : car, privés d'ennemis, ils risqueraient de se quereller entre eux et de se diviser à nouveau. C'est pourquoi il est de leur intérêt de faire faction sur le Rhin le plus longtemps possible. A force de monter la garde ensemble, peut-être finiront-ils par prendre l'habitude de vivre les uns avec les autres. De plus, cette occupation est un excellent exercice hygiénique, qui procure au peuple une fatigue salutaire et le maintient sous une étroite discipline. Telle est, réduite aux termes essentiels, la théorie de l'unité allemande selon le prince de Bismarck et les politiciens du parti militaire et féodal.

Ainsi, l'union dans la haine, l'union dans la vengeance, l'union dans le rapt, voilà l'unité que la Prusse a donnée à l'Allemagne. L'objet poursuivi, l'unité, était salutaire, utile, nécessaire ; les moyens employés ont été détestables ; la politique adoptée fut déplorable. Il semblait que, après Sadowa, l'unification de l'Allemagne dût s'accomplir sans difficulté et, pour ainsi dire, toute seule. Elle était, sinon franchement approuvée, du moins acceptée sans résistance par les États, et la réalisation en paraissait, à tous égards, bien autrement aisée que n'avait paru devoir l'être, après Solférino, celle de l'Italie. Car l'Allemagne, vide d'étrangers, disposait au moins pleinement d'elle-même. Cependant l'Italie, malgré tous les obstacles, s'est formée en nation d'un élan irrésistible, tandis qu'on peut encore se demander si l'unité de l'Allemagne est définitive.

Comme les difficultés produites par le morcellement en petits États étaient analogues dans les deux pays, le contraste entre les résultats obtenus tient surtout à la différence dans les moyens employés. Avec Victor-Emmanuel et Cavour, le Piémont a vu large et haut; sa politique a été libérale; elle a consisté à supprimer les entraves, à donner ou augmenter les libertés, celles notamment de parler et d'écrire, qui existaient à peine et qui, du premier coup, furent accordées presque sans restriction, à réprimer les abus, à introduire le progrès de toutes parts. L'action du Piémont a été réparatrice, émancipatrice, bienfaisante et, de plus, sympathique. Le Piémont est allé à l'Italie les bras ouverts; il s'est donné à elle, même, à certains égards, sacrifié pour elle; non seulement il l'a relevée et vivifiée, mais il s'est fondu en elle.

Tout autre a été la conduite de la Prusse. Sans doute elle tenait en Allemagne, relativement aux autres États, une place plus considérable que celle occupée en Italie par le Piémont; mais ce n'était pas une raison pour qu'elle méprisât et brutalisât ces États, d'autant que, en s'efforçant de les prussifier, elle ne tendait nullement à améliorer la condition sociale de leurs habitants. Pour elle, l'embarras était d'offrir à ceux-ci des compensations au surcroît de charges qu'entraîne la transmutation d'un petit État en une partie intégrante d'une grande puissance. Elle pouvait leur trouver ce dédommagement dans la concession de droits civils et politiques plus étendus, dans la suppression d'abus et de privilèges, dans l'extension de la part d'influence laissée au peuple sur la direction des affaires du pays, dans l'adoucissement de la contrainte administrative et policière exercée par l'État, dans l'affermissement de la paix, etc., mais il aurait fallu que la Prusse, pour introduire de pareilles améliorations, commençât par se réformer profondément elle-même, et c'est ce qu'elle n'a voulu faire à aucun prix. Elle entendait rester la Prusse et s'annexer l'Allemagne ; et du moment qu'elle se laissait conduire par l'orgueil et l'égoïsme, qu'elle avilissait sa noble mission, elle devait avoir recours aux mauvais agissements qui ont amené la guerre franco-allemande et ses déplorables conséquencess.

On ne saurait trop le répéter, le mal profond dont souffre l'Europe provient de ce qu'une grande et profitable entreprise, l'unification de l'Allemagne, s'est faite par des moyens arriérés et coupables, s'est identifiée avec une mauvaise action, la conquête et l'asservissement de l'Alsace-Lorraine. De là, outre de funestes effets matériels, un grand trouble moral, dont l'Allemagne est, comme de juste, particulièrement affectée. Car les hommes de bonne foi s'y trouvent partagés entre deux sentiments contraires, la juste satisfaction d'un immense et légitime avantage obtenu pour leur patrie et le regret d'avoir mal acquis un tel bien.

C'est en vain qu'ils se donnent à eux-mêmes des raisons justificatives. Leur conscience n'est pas dupe des sophismes. La bassesse des moyens employés pour parfaire la conquête du Reichsland démontre incessamment le vice originel de cette entreprise et d'un acte d'union fondé sur la violence. Impossible aux auteurs de ces actes d'éprouver la pleine satisfaction, la généreuse fierté, l'invincible confiance qu'eût inspirées le succès d'une œuvre nationale noblement et purement réalisée, d'une œuvre qui, dans son exécution comme dans sa fin, fût apparue comme un progrès humanitaire et eût mérité l'applaudissement de tous les peuples.

L'unification de l'Allemagne n'a soulevé, dans les autres pays, ni enthousiasme ni sympathie.

Bien loin de produire une action bienfaisante et des aspirations fécondes, elle a suscité l'inquiétude de tous les amis du progrès et de la liberté. Au lieu d'apparaître comme une œuvre d'émancipation, elle s'est présentée au monde, tant les moyens employés furent brutalement coercitifs, sous l'aspect d'une œuvre de servitude. Quelle différence avec la Révolution française! saluée de toutes parts avec allégresse, généreux instrument d'unité nationale, qui acheva de confondre fraternellement, par la puissance de l'idée, l'Alsace avec la France, vaillant outil d'affranchissement, toujours fort, toujours actif, formé pour l'usage de tous, sans distinction de races ni de langues. Ici donc, à gauche du Rhin, resplendit l'œuvre humanitaire, illimitée dans l'espace et dans le temps, bienfaisante, sympathique, vraiment apostolique; et là, du côté droit, se tapit l'œuvre étroite, arriérée, antipathique, gangrenée par la violence, stérilisée par l'égoïsme. Comment les autres peuples, et surtout comment les Alsaciens-Lorrains pourraient-ils hésiter entre les deux leçons?

L'Allemagne elle-même a été la première à souffrir de son propre ouvrage. On aurait pu croire que, sitôt uni, sitôt en possession de cette suprême satisfaction nationale, le peuple allemand s'épanouirait en une magnifique floraison intellectuelle, que les chefs-d'œuvre littéraires et artistiques surgiraient à l'envi de son sol, comme ils sortirent du sol de la France lorsque l'unité du pays fut devenue complète et définitive. Il n'en a rien été ; les grands hommes ont avorté et les chefs-d'œuvre font obstinément défaut. Du propre aveu des Allemands, il y a longtemps qu'on n'avait constaté chez eux une aussi grande pénurie d'idées, si peu d'élévation dans la pensée et de talent dans la forme. Cela devait être. Comment de hautes spéculations, de nobles idées pourraient-elles sortir d'intelligences opprimées et rétrécies par le culte de la force ? se développer dans un milieu où l'éducateur doit tomber moralement au-dessous du sergent instructeur, celui-ci faisant du moins son métier en conscience, tandis que celui-là doit louer ou blâmer, appuyer ou glisser en vue de former, non des hommes, mais des sujets, de parfaits sujets prosternés devant un chef suprême, à la fois religieux, militaire et politique, prêts sur son ordre à fusiller leurs concitoyens, confits dans la haine des Français et de leur Révolution? Un dégradant chauvinisme a donc empoisonné la jeunesse allemande; il a desséché les cœurs et racorni les intelligences ; et de là cette dépression mentale, dont l'Allemagne est cruellement affligée.

∴

Mais si l'unification de cette contrée par la violence fait sentir partout, au dehors comme au dedans, de funestes effets, il est une malheureuse région, plus exposée aux coups que les autres, qui a particulièrement souffert de cette violence. C'est l'Alsace-Lorraine, misérable victime du fanatisme germanique, que les Allemands se sont mis d'accord pour frapper tous ensemble, et sur les plaies de laquelle ils ont scellé leur union.

Dès le début de la conquête, les Alsaciens-Lorrains ont pu pressentir le sort que leur réservait l'Allemagne victorieuse. Le bombardement de Strasbourg leur a révélé les mœurs et le caractère de leurs futurs maîtres. Des soldats qui s'attaquent de préférence à la population civile, à laquelle, d'ailleurs, ils ont la prudence de refuser absolument le droit de porter les armes ; des militaires qui s'en prennent aux femmes et aux enfants pour atteindre plus efficacement, par une sorte de ricochet moral, les défenseurs de la place, voilà les soi-disant frères qui se sont présentés d'abord aux populations d'Alsace-Lorraine : la prise de possession a dûment annoncé les bienfaits de l'établissement à demeure; le bombardement de Strasbourg a été le digne prologue du régime des passeports.

Dès le début de l'annexion, les Allemands aspirèrent à instituer ce régime. Séparer immédiatement l'Alsace-Lorraine de la France par une muraille de la Chine, tel fut le vœu de M. de Bismarck et de ses compatriotes. L'ex-chancelier l'a formellement déclaré en décembre 1890 devant une députation d'Allemands immigrés dans le Reichsland; et le motif qu'il en a donné, si l'on s'en rapporte à l'ensemble de son allocution, serait... l'extrême amabilité des Français; amabilité vraiment irrésistible, selon le chancelier de fer, *lequel, chaque fois qu'il s'est rencontré avec des Français, aurait entretenu avec eux des relations tellement agréables, qu'il ne croit pas avoir réussi à en nouer de pareilles avec des Allemands.*

Voilà qui est singulièrement flatteur pour les Français. Cela n'est même que trop flatteur, car il est clair que si le commerce des Français a plus de charme pour les Allemands que celui de leurs propres concitoyens, les Alsaciens-Lorrains devront, à plus forte raison, préférer la France à l'Allemagne; et, dès lors, l'établissement d'une muraille de la Chine résulte logiquement, au moins pour des Prussiens, des stipulations du Traité de Francfort. De là, cet étrange retour aux pratiques du moyen âge et des pays d'Orient. Comme mesure de sécurité, l'Allemagne a restauré la séquestration ; elle a remis en honneur les grilles et les cadenas, et même, l'Autriche et l'Italie voulant bien accepter ce rôle, elle a rétabli les chastes gardiens à la voix de fausset. C'est seulement après avoir bien enfermé sa captive, après s'être, à la turque, assuré de sa fidélité, que le chancelier, apportant un riche présent, prétendait s'avancer en séducteur. En vérité, Sganarelle n'eût pas fait mieux.

Il est triste de penser qu'un personnage qui a tant manié les hommes et passe pour les bien connaître, qu'un homme d'État qui a tenu entre ses mains, pendant vingt ans, les destinées de l'Europe, qu'un prince de Bismarck, pour tout dire, ait pu raisonner si pauvrement, si incomplètement, et qu'il se soit aussi lourdement trompé. Hélas! le sens moral lui fait défaut. Ce que le grand homme n'a pas vu, un simple brave homme l'eût senti. Il suffisait d'avoir du cœur, de porter intérêt à ses semblables et de les respecter, pour comprendre qu'on irrite les hommes par la contrainte, et que le seul moyen de les gagner est de leur montrer de l'affection et de l'estime, de les traiter avec douceur et de leur témoigner de la confiance.

Sans doute, le don que, d'après sa propre déclaration, M. de Bismarck aurait eu l'intention de faire aux Alsaciens-Lorrains était un don magnifique ; car il ne se fût agi de rien de moins que d'une exemption de service militaire pendant vingt années; mais, à supposer, ce qui paraît fort douteux, que le parti du sabre se fût laissé arracher une telle concession, comment un créateur d'empire a-t-il pu ne pas comprendre que la muraille de la Chine, qu'il voulait d'abord élever entre l'Alsace-Lorraine et la France, devait rendre tous ses cadeaux stériles ! Comment le grand politique n'a-t-il pas senti que ce qui serait bienfait à l'égard d'un être libre deviendrait outrage à l'égard d'un captif, que les dons faits à un prisonnier sont pour acheter sa conscience, et que l'Alsace-Lorraine, contrainte et séquestrée, ne pourrait pas, sans se déshonorer, donner quelque chose de sa foi en retour du plus riche présent.

Il n'en eût pas été de même si elle avait été libre. Ah ! si l'Allemagne avait bien compris son rôle, si elle s'était rendu compte que, pour gagner l'Alsace-Lorraine, il fallait absolument s'y prendre comme avait fait la France au XVIIe siècle, peut-être l'Europe ignorerait-elle les bienfaits de la Triple Alliance. Qu'on suppose les frontières de l'Alsace-Lorraine complètement ouvertes, les Français absolument libres d'aller et de venir dans le territoire cédé, d'y résider, d'y commercer, voire d'y chasser; la *Marseillaise* et les couleurs françaises, traitées en emblèmes d'une nation amie, c'est-à-dire non seulement admises, mais honorées; la langue française acceptée devant les tribunaux, autorisée dans les actes publics, enseignée dans les écoles en même temps que l'allemand; supposez tout cela réalisé et vous aurez, en définitive, simplement reproduit l'équivalent du régime français d'avant l'annexion.

Mais la France, cherchant à s'assimiler l'Alsace-Lorraine, ne s'était pas contentée de respecter les usages de ses nouveaux sujets; elle avait beaucoup amélioré leur condition. Il fallait que, à son exemple, l'Allemagne fît de même. Que pouvait-elle donner? Avant tout, comme l'a compris M. de Bismarck, l'exemption du service militaire, et cela pour un long délai, vingt ans par exemple; mesure excellente, dont les familles annexées, sauvées ainsi des difficultés de l'option, eussent retiré d'inestimables avantages. Puis un gouvernement autonome, pareil à celui des autres États allemands, grâce auquel l'Alsace-Lorraine eût goûté la satisfaction de rester maîtresse dans l'administration de ses propres affaires. J'y aurais ajouté l'institution à Strasbourg d'une grande Université mixte, moitié française, moitié allemande, afin de rapprocher les deux races dans la culture des plus hautes études, de susciter entre elles une généreuse et féconde émulation, et surtout de marquer très fortement le caractère pacifique, conciliant, ménager de la dignité d'autrui, largement humanitaire et civilisateur de la prise de possession de l'Alsace-Lorraine par l'Allemagne.

Qui ne voit que si les Allemands avaient agi de la sorte, faisant fête à la France au lieu de lui donner la chasse, fondant des chaires au lieu de bâtir des forts, respectant les sentiments de la population annexée au lieu de multiplier parmi elle les maires de carrière et les commissaires de police, la situation de l'Europe pourrait être bien différente de ce qu'elle est devenue? Qui sait si les autres peuples, touchés d'une si louable modération, n'eussent pas donné raison à l'Allemagne? si la France, délicatement ménagée dans son amour-propre, flatteusement copiée dans sa politique, d'ailleurs beau joueur de race, sachant perdre galamment une partie bien conduite, n'eût point fini par accepter le nouvel ordre de choses? enfin si l'Alsace-Lorraine, devenue un foyer de paix et d'amitié, libre et, pour ainsi dire, neutre entre la France et l'Allemagne, matériellement prospère, moralement respectée, tenue aussi de déférer au vœu général, ne se fût point accommodée à la longue d'une situation que les autres États de l'Europe auraient jugée non seulement acceptable mais honorable? Pourquoi ces visions sont-elles restées de pures chimères? C'est que le culte de la force règne chez les Allemands. Leur politique est dirigée par le parti militaire; leur organisme demi-moderne, demi-féodal est très arriéré; en un mot, les Allemands sont devenus des Prussiens, et pour agir comme je viens de le supposer, il aurait fallu qu'ils devinssent.... des Français. A cette condition seulement nous aurions pu faire ménage avec eux.

∴

Le temps du recours aux bons procédés est d'ailleurs passé. L'odieux régime des passeports a élevé une muraille de la Chine, non pas, selon le vœu des Allemands, entre l'Alsace-Lorraine et la France, mais entre l'Alsace-Lorraine et l'Allemagne. Non seulement ce régime a profondément irrité les Alsaciens-Lorrains par les contraintes et les maux qu'il leur a fait endurer, mais sa cessation même leur a infligé de nouvelles souffrances; car ils ont dû l'acheter au prix d'une humiliation. Il leur a fallu, pour faire tomber la barrière qui les séparait de la France, pour obtenir de revoir librement leurs chers Français, se courber devant le maître détesté et caresser la main qui les frappait. Or ces choses ne se font pas sans soulever chez la victime une recrudescence de haine contre le bourreau. Loin de servir à la conciliation, elles créent de nouveaux griefs et implantent de nouvelles rancunes.

Où les Allemands en sont-ils de leurs essais de germanisation? Quels résultats ont-ils obtenus? Bien habile qui pourrait le démêler, car aujourd'hui les apparences ne signifient plus rien; le régime des passeports a eu pour effet de les fausser irrémédiablement. Avant l'institution des mesures de rigueur, les élections au Reichstag pouvaient être considérées comme sincères, autant du moins qu'il était possible qu'elles le fussent dans un pays où le petit état de siège et la loi sur la haute trahison permettent de se débarrasser par le bannissement ou la prison des opposants trop incommodes. Mais il n'en est plus de même depuis l'adoption de ces mesures.

De quel droit, en effet, l'Allemagne prendrait-elle avantage du succès aux dernières élections parlementaires des quatre candidats de la conciliation? Ceux-ci ont-ils demandé aux électeurs de les choisir en qualité de fidèles allemands, de loyaux sujets de l'Empereur de Berlin? En aucune façon. Ils ont posé leurs candidatures sur le terrain de l'abrogation du régime des passeports, et on ne les a nommés que sur l'engagement formel qu'ils avaient pris de s'employer de toutes leurs forces à obtenir cette abrogation. Qu'il y ait eu chez leurs électeurs quelque capitulation de conscience, je suis loin de le nier; en les choisissant, leurs concitoyens savaient quelle espèce d'hommes ils prenaient; mais la question est de connaître expressément dans quel but ils les ont élus; et là-dessus la réponse ne saurait être douteuse, même pour des Allemands.

Il s'agissait de renverser un obstacle qui fermait l'Alsace-Lorraine aux Français, de rétablir avec la France de vieilles et chères relations familiales, dont l'interruption paraissait une intolérable calamité. C'est parce qu'elle ne pouvait se passer de la France que l'Alsace-Lorraine a fait une concession à l'Allemagne. C'est pour se rapprocher de la France qu'elle a député au Reichstag, en 1890, des hommes qu'elle avait refusé d'élire en 1887. Les deux manifestations, si différentes dans la forme, se sont inspirées du même esprit. Dans l'un et l'autre cas, les provinces séparées voulaient témoigner de leur inaltérable attachement à la patrie perdue. Sans doute, il eût été plus fier de ne rien céder en 1890, plus héroïque de supporter stoïquement le supplice; mais a-t-on jamais vu qu'un peuple ait bravé la torture? à peine quelques individus ont le courage d'y résister.

Cependant la position de l'Allemagne, bien loin de s'améliorer dans le pays annexé, y est à présent plus désagréable, plus irritante et même, pourrait-on dire, plus exaspérante qu'elle ne l'était avant 1887. Car toutes choses se passaient alors beaucoup plus à découvert qu'elles ne se passent aujourd'hui. Il était loisible aux annexés de parler à peu près franchement et d'agir à peu près loyalement; la presse jouissait d'une certaine liberté; la police ne l'avait pas étranglée. Allemands et Alsaciens-Lorrains ne s'aimaient pas, mais pouvaient encore, sous le gouvernement du maréchal de Manteuffel, s'estimer les uns les autres.

Cela même est devenu difficile depuis l'établissement du régime des passeports. L'odieuse rigueur déployée d'un côté, et la dissimulation amenée par contre-coup de l'autre côté, ont singulièrement attisé les haines et surexcité les méfiances. En vérité, la position de fonctionnaire allemand en Alsace-Lorraine doit être bien pénible pour un homme de cœur. Impossible de se fier à qui que ce soit parmi les habitants du pays. Ils sont tous suspects. Je n'excepte même pas ceux qui recherchent places, honneurs, décorations, faveurs administratives. Ceux-là, les ralliés, on les connaît bien. Déjà, sous le régime français, leurs pères, si ce n'est eux-mêmes, postulaient avec non moins d'ardeur. Quoi qu'il advienne, ils se rangeront du côté du plus fort. Aux heures critiques, ils se tiendront sur la réserve, également prêts à entonner, selon l'événement, la *Marseillaise* ou la *Wacht am Rhein*. Il y a de ces courtisans du bonheur dans tous les pays; on se sert d'eux, mais sans compter sur eux; on les utilise et on les méprise.

Mais les autres, ceux qui restent tranquillement au logis, que devra penser d'eux le fonctionnaire allemand s'ils viennent à s'humaniser avec lui? Quels pourraient bien être les motifs de leur amabilité? Ce sera bientôt fait de les connaître. Il s'agira d'un fils émigré en France, qu'on aspire à revoir, d'un militaire français pour lequel on voudrait une autorisation de séjour.... neuf fois sur dix, un intérêt français sera en cause; c'est au profit de la France qu'on aura fait bonne mine au Kreisdirektor ou au commissaire de police. Et, dans un ordre de faits plus relevé, quand le député de Saverne demandait au Gouvernement d'Alsace-Lorraine de supprimer la censure des journaux, quand le député de Strasbourg s'élevait avec indignation contre le régime des passeports, ces messieurs ne travaillaient-ils pas pour la France? Qui sait, après tout, s'ils ne sont pas traîtres à l'Allemagne, et si l'histoire n'inscrira point un jour les noms de Hœffel et de Pétri à côté de ceux d'Harmodius et d'Aristogiton? Pour moi, si j'étais Statthalter d'Alsace-Lorraine, j'éviterais de chasser avec eux ou, du moins, je me tiendrais hors de la portée de leurs fusils.

Plaisanterie à part, c'est une lamentable situation que celle qu'a prise l'Allemagne en Alsace-Lorraine. Même l'abolition du régime des passeports ne l'a point améliorée, parce que la restauration de ce régime reste suspendue, comme une effrayante et perpétuelle menace, sur la tête des Alsaciens-Lorrains. Avec la gaucherie brutale qui leur est propre, les Allemands usent à tout propos de cette menace, continuant à terroriser leurs victimes et à bannir, par là, des relations qu'ils ont avec elles, toute franchise et toute sincérité. Ainsi, par la faute des Allemands, ces relations s'embrouillent et s'enveniment de plus en plus. Tel est l'effet inévitable de la violence et des contraintes.

Au fond cependant, la question est simple. La réunion de l'Alsace-Lorraine avec l'Allemagne ne ressemble-t-elle pas trait pour trait à la rencontre de ces deux hommes dont parle.... peu importe le nom de l'auteur. C'étaient un père et son fils. Le père avait de bonne heure abandonné son enfant et ne s'en était plus occupé. Mis en présence l'un de l'autre, les deux hommes ne trouvent rien à se dire. Ils échangent quelques paroles de la plus creuse banalité. Chez eux, pas le moindre tressaillement de cœur, nul appel de la voix du sang. Bientôt ils se taisent; et c'est un soulagement pour eux de se quitter et de s'en aller chacun de son côté.

Se quitter, voilà ce qu'auraient dû faire, après le flagrant insuccès de leur rapprochement, l'Allemagne et l'Alsace-Lorraine; et voilà sans doute ce à quoi l'Allemagne elle-même se fût décidée si son jugement était resté simple et droit. Malheureusement le préjugé de la voix du sang — voix artificielle dans l'espèce, empiriquement ranimée après des siècles de mutisme — et les objurgations intéressées du parti militaire ont créé chez nos voisins une opinion factice.

En réalité, c'est surtout le préjugé sentimental qui les a égarés, ce préjugé qui, agissant sur l'homme dès l'enfance et s'imposant à lui pour la vie, exerce, sur l'âme d'un peuple, une action bien autrement énergique que les raisonnements politiques et militaires. Caressant les souvenirs du Saint-Empire romain, ils ont restauré dans leurs imaginations je ne sais quelle Alsace-Lorraine troubadouresque et germanique, qui, si jamais elle exista, était allée, du XIIIe au XVIe s., rejoindre, dans les limbes du passé, les légendaires images des empereurs saxons et souabes. Le rêve, hélas! s'est converti pour nous en une épouvantable réalité. Il nous a valu cette odieuse trilogie : le bombardement de Strasbourg, le traité de Francfort et le régime des passeports. C'est ainsi que prennent corps les rêves germaniques. Quand l'homme veut faire l'ange — et l'Allemand n'y est que trop enclin — il a beaucoup de chances pour faire la bête.

CHAPITRE II

AUTRICHE

Autriche! fertile en archiducs, heureuse en dots et en héritages, pays de Magnats et de Sokols, de Tyroliens et de Tsiganes, d'Allemands et de Sémites, de Polonais et de Ruthènes, d'Italiens et de Croates, etc., dont la carte bigarrée, cousue de mille pièces, ressemble au maillot bariolé d'Arlequin! impériale et royale Autriche! vouée à la confusion des langues et aux querelles de ménage! tu pouvais éviter, ce me semble, d'occuper une place dans la Triple Alliance. Et pourtant, j'ose à peine te garder rancune d'en faire partie.

Pendant plus de trois siècles, de François Ier à Napoléon III, l'abaissement de ta puissance a été l'idée fixe, le *delenda Carthago* de la politique française. Non contente, en dernier lieu, de t'avoir arraché le Milanais et fait assister à l'écroulement des Duchés italiens, la France encouragea l'alliance de l'Italie avec la Prusse. Pour amener la délivrance de la Vénétie, dont l'affranchissement pouvait être obtenu par d'autres moyens, elle fit la sottise de prêter les mains, non plus seulement à ton abaissement, mais à ton écrasement.

Elle en fut cruellement punie; et cependant, miséricordieuse Autriche, tu n'as été pour rien dans son désastre; tu te montras, au contraire, plutôt disposée à lui venir en aide. Sans doute, l'âge et les vicissitudes d'une carrière tourmentée t'ont rendue indulgente. Si, comme l'affirment les mauvaises langues, tu sais oublier les bienfaits, il faut reconnaître que tu sais aussi pardonner les injures.

Devenue plus tard, peut-être malgré toi, l'alliée de la Prusse, tu as voulu, continuant à ménager la France, ne t'engager, en cas de guerre, que contre la Russie. Ce trait, venant des vaincus de Magenta et de Solférino, est magnanime. Il paraît d'autant plus méritoire que l'Italie, affranchie par les mêmes batailles..., mais n'anticipons pas, il ne s'agit encore que de l'Autriche.

L'effet de ces bons procédés, c'est que, malgré tant de guerres qui mirent aux prises Autrichiens et Français, il n'y a point de haine entre eux. Les militaires des deux nations ont de l'estime, voire de la sympathie les uns pour les autres. On pourrait, il est vrai, faire observer que, presque toujours ils en sont venus aux mains hors de leurs patries respectives, qu'ils se sont battus, en général, sur le dos des Allemands ou des Italiens, et que les haines de peuple à peuple proviennent bien moins du sang répandu sur les champs de bataille que des misères et des souffrances imposées aux populations sur ce qu'on appelle le théâtre de la guerre. Mais, en définitive, qu'importe ici la cause; l'effet est seul à considérer. Il est incontestable que, de Français à Autrichien, les relations sont cordiales.

Je ne crois pas que la Triple Alliance en puisse beaucoup altérer le caractère. Un État aussi bigarré et aussi décousu que l'Autriche est, par complexion et par nécessité, essentiellement pacifique. Les actions violentes lui sont interdites; il risquerait, en s'y livrant, de se mettre lui-même en pièces, d'autant que les séparations entre les races, loin de s'effacer avec le temps, se creusent sans cesse davantage. Hongrois, Tchèques, Allemands, Italiens, Croates, Polonais, etc., tirent de plus en plus chacun de son côté. En cas de conflit européen, on les verrait, s'ils pouvaient suivre librement leurs inclinations, se partager entre les deux camps ennemis. Alors que certaines races sont favorables à la Triple Alliance, d'autres lui sont hostiles. Si l'Allemagne et l'Italie ont parmi elles de bons amis, la France et la Russie ont aussi leurs partisans. Dans ces conditions, il est presque impossible de faire la guerre.

L'Autriche s'est d'ailleurs prudemment arrangée pour n'avoir pas besoin de la faire. En diplomate avisé, elle a su tirer parti de la Triple Alliance. Ayant tout à craindre de ses voisins, à cause de son peu de cohésion, elle s'est abritée contre l'Allemagne et l'Italie en se liguant avec elles. Ses provinces du sud-ouest lui sont garanties par son alliance avec ceux-là même qui pourraient les prendre. Elle n'a souscrit à aucun engagement contre la France. Celui qu'elle a pris contre la Russie ne modifie guère sa situation vis-à-vis cette puissance et lui assure au besoin le secours de l'Allemagne. Elle arme et dépense avec une modération relative et s'attache, en toutes choses, à ne pas forcer son talent. Seule des trois États coalisés, elle n'a jamais cherché l'occasion de faire la guerre. Pour elle seule, Triple Alliance veut dire paix.

Il est probable qu'un État ainsi constitué et dirigé s'efforcera de maintenir cette paix, et que, si elle vient à être rompue, il fera tout au monde pour rester spectateur de la lutte. La loi suprême pour une nation est de pourvoir à son salut. Il n'y a pas d'engagement qui tienne contre cette nécessité, et le salut de l'Autriche est dans la paix. Elle le reconnaîtra bien à l'heure du danger. Elle se souviendra, au moment critique, la Bosnie et l'Herzégovine ayant été de la part de l'Allemagne un cadeau intéressé, qu'elle ne doit en définitive à ses deux alliés que l'équivalent de leurs mauvais traitements d'autrefois. C'est pourquoi sa participation à la Triple Alliance est, pour cette ligue, une cause d'insécurité et de faiblesse plutôt qu'un élément de force. C'est aussi pourquoi un Alsacien-Lorrain peut ne pas regretter cette participation. Tel est le véritable motif pour lequel je ne garde pas rancune à l'Autriche d'avoir souscrit à la Triple Alliance.

CHAPITRE III

ITALIE

Vous souvient-il, compatriotes d'Alsace-Lorraine, de l'admirable été de 1859 ? — Je parle à ceux d'entre vous dont l'âge atteint au moins le demi-siècle.— Il semblait que l'Italie voulût partager son soleil avec nous pour nous remercier d'envoyer nos soldats combattre avec les siens. Vous rappelez-vous l'allégresse qui transporta nos cœurs lorsque, pendant ces jours splendides, retentirent coup sur coup les noms sonores et triomphants des victoires libératrices : Montebello, Magenta, Palestro, Solferino...? victoires dont la Prusse arrêta le cours... Oh! non, vous n'avez pas oublié cette gloire ; ceux qui en furent témoins se la rappelleront jusqu'à leur dernier jour.

On répète volontiers de l'autre côté des Alpes que tout le mérite de l'intervention française revient à Napoléon III, que la nation fit la guerre par obéissance et l'armée par entraînement professionnel. Ce sont erreurs ou calomnies. Sans doute, Napoléon prit l'initiative ; cela ne pouvait être autrement ; il était l'empereur. Mais cette guerre, qu'il déclara, fut une guerre vraiment populaire. La jeunesse l'accueillit avec transport. Acclamée à Paris, elle ne fut pas, j'en porte témoignage, moins fêtée en Alsace-Lorraine. Oui certes, j'ai vu nos militaires partir avec enthousiasme et revenir — ceux qui revinrent — en hommes satisfaits d'avoir rempli un devoir d'humanité et fâchés de n'avoir pu exposer plus longtemps leurs vies pour remplir ce devoir jusqu'au bout.

Ce que, cinq ans plus tôt, nous étions allés faire en Crimée, n'était pas facile à démêler. Le point d'honneur mis à part, la prise de Sébastopol nous était fort indifférente. Dans la campagne d'Italie, au contraire, nous poursuivions un but parfaitement net ; nous allions affranchir un peuple. Le moindre soldat était fier de prendre part à une si noble entreprise, et la France était contente de témoigner, par cette nouvelle croisade, qu'elle n'avait rien perdu de sa vieille ardeur à tirer l'épée pour l'assistance d'autrui.

L'impression que j'éprouvai fut profonde. Je ne dirai point que mon patriotisme date de là ; mais c'est alors qu'il prit conscience de lui-même. Je vis, non plus seulement dans le hasard de ma naissance et dans les liens qui me rattachaient au passé, mais encore dans la page d'histoire qui s'écrivait sous mes yeux, des raisons déterminantes pour aimer la France et pour me faire gloire de lui appartenir.

Que j'étais loin de prévoir, en ce moment de joie et d'orgueil, la catastrophe prochaine, la patrie écrasée, et l'Alsace-Lorraine réduite à la condition de cette Italie qui nous avait inspiré tant de pitié, et que nous fûmes si heureux d'arracher à la servitude ! Si alors quelqu'un m'avait prédit ces désastres, et avait ajouté que, bien loin de nous secourir à leur tour, ou même seulement de nous plaindre, ces mêmes Italiens s'allieraient un jour à leurs anciens oppresseurs, devenus nos bourreaux, pour les affermir dans la possession de notre sol et dans le pouvoir de nous torturer, si quelqu'un m'avait dit cela, je l'eusse traité d'infâme calomniateur ou de visionnaire insensé.

Mais mon compatriote Thiébaut Jæger, qui venait de faire la campagne d'Italie comme brigadier canonnier, ne se fût point, à coup sûr, contenté de reprendre verbalement ce trouble-fête. Il lui eût fait sentir le poids de sa redoutable poigne. C'est que le brave Thiébaut était parti en guerre de bon cœur, ayant appris qu'il s'agissait de mettre à la raison les Kaiserlichs qui s'entêtaient à opprimer la malheureuse Italie. Or les Kaiserlichs sont mal vus chez nous depuis la guerre de Trente Ans et la double invasion des Alliés.

Je ne vous présente pas Thiébaut avec l'intention de vous raconter ses exploits. Ils se bornèrent à servir fidèlement sa pièce et à la pointer de son mieux. S'il fit de beaux coups, ce fut sans le savoir. Il vit tomber maint camarade, resta sauf et revint à Strasbourg enchanté d'avoir battu les Autrichiens, délivré les Italiens et fait un superbe voyage, à cheval, sabre au côté, dans son bel uniforme d'artilleur.

Mon canonnier pourtant eut un chagrin, dont le motif très simple, naïvement exprimé, me toucha si vivement que j'en garde encore le souvenir intact à trente années de distance. Thiébaut avait été navré des dommages causés aux campagnes par la guerre. Revenu au pays, il s'apitoyait encore sur les magnifiques récoltes de la plaine lombarde foulées aux pieds des hommes et des chevaux et broyées sous les roues des canons. C'est là ce qui, dans son expédition, l'avait le plus frappé. Ni la splendeur des villes traversées, ni les dangers courus, ni le spectacle des tueries humaines n'avaient produit sur son âme autant d'impression que cette destruction des produits du sol.

Or Thiébaut se trouvant alors bien loin de son village, les désastres causés par la guerre ne le touchaient en aucune façon. Ce qui est notable, c'est qu'il ait éprouvé cette grande pitié en pays étranger, c'est qu'il ait ressenti pareille tristesse après être devenu soldat, et soldat de profession, décidé à persévérer dans le métier des armes; c'est enfin que, risquant sa vie pour affranchir d'autres hommes, il se soit fait scrupule du mal involontaire qu'il causait à ceux-ci, à raison des combats livrés pour leur délivrance.

Honneur au compatissant Thiébaut! à cet humble héros, dont la simplicité et les bons sentiments sont demeurés intacts au milieu des violences de la guerre et des fumées de la victoire! L'Alsace-Lorraine peut s'enorgueillir de posséder de tels enfants. Ce ne sont pas eux qui bombarderaient des villes sous prétexte de les affranchir. Jamais ils n'admettront que la force confère le droit d'asservir et d'opprimer autrui. Pour ces braves gens, la violence est une insulte à la dignité humaine et la conquête un crime de lèse-nation. Les mêmes principes qui les mûrent jadis au secours de la Lombardie les dressent aujourd'hui contre l'Allemagne et leur font un devoir de repousser son joug tyranniquement imposé. Ces sentiments qu'ils éprouvèrent autrefois pour un peuple étranger, ils les ressentent aujourd'hui sous le coup de leur propre infortune. Et justement parce qu'ils s'en étaient pénétrés de longue date, qu'ils les avaient professés avec désintéressement et les tenaient pour leur meilleur titre à l'estime des hommes, ils les ressentent avec une force invincible et une constance inébranlable.

⁂

J'avoue que je pense surtout à mon canonnier lorsqu'un coup, parti d'au delà des Alpes, vient frapper la France. Par un effet de contraste, la bonté et l'abnégation du brave Thiébaut m'apparaissent alors avec plus d'éclat et m'apportent un très utile rafraîchissement moral. Mais de telles consolations ou d'autres pareilles ne sauraient distraire l'ancien soldat de ses chagrins.

Il comptait se retirer en Alsace après sa retraite. Il lui eût été doux de finir sa vie au lieu de sa naissance, parmi les êtres dont le captivant souvenir, lié à celui de sa jeunesse, l'avait accompagné et réconforté dans les étapes de son errante carrière. En Alsace est son vrai, son seul foyer. Là sont les champs qu'il cultiva de ses mains, les noyers qu'il gaula, les vignes qu'il vendangea; et l'église où il apprit son catéchisme, et les cloches que, parfois encore, il croit entendre tinter; là aussi, la vieille auberge où, le dimanche, après vêpres, il aurait tant de plaisir à trinquer avec les amis, en parlant ce patois du Haut Rhin, entremêlé de mots français, dont se délectent les oreilles alsaciennes. Là encore, le petit cimetière où dorment les ancêtres, coin paisible et verdoyant où il serait bon de prendre avec eux le dernier repos.

Tous ces chers objets, dont il espérait jouir, lui sont ravis, hélas! par la conquête allemande. Elle les a détruits ou corrompus. Beaucoup des siens ont émigré, la maison paternelle est vendue, tout ce qui est français, langue, mœurs, journaux, chants, couleurs, est impitoyablement proscrit du Reichsland; la police a l'œil partout, et l'oreille aussi; on ne peut plus penser tout haut; il faut dissimuler ou se taire. Et encore lui permettrait-on, si même il se résignait à ces misères, de rentrer dans son village et d'y habiter? Cela est plus que douteux, car si l'obligation du passeport est abolie, celle de la carte de séjour subsiste. En tout cas, il n'aurait pas de sécurité pour le lendemain. Dans son propre pays, chez lui, il vivrait au jour le jour, à la merci d'une délation, d'un soupçon, d'un caprice. Sur un ordre des autorités, sans explication ni observation, il serait obligé de repasser la frontière et réduit, pour abriter sa vieillesse, à prendre au hasard un logis de rencontre. Un vieux soldat ne s'expose point à ces outrages. L'Allemagne lui a pris son pays; il s'efforcera de le reprendre.

A son défaut, ses deux fils s'y emploieront. Thiébaut les a voués aux armes dès leur naissance. Sitôt qu'ils ont pu comprendre, il leur a parlé du Rhin, non pas comme le maître d'école, pour leur en décrire le cours, mais pour leur enseigner qu'ils auront à combattre sur ses rives, afin de chasser les Allemands de l'Alsace-Lorraine. Cette leçon contient pour lui toute la géographie politique. Il l'a répétée sans cesse à ses enfants; il l'a inculquée dans leur cœur et dans leurs moelles. Déjà l'aîné est au régiment, et le brave Thiébaut m'écrivait naguère, non sans orgueil, que son garçon lui fait honneur, ajoutant avec tendresse : « Il aime le métier et il est bon instructeur ». Paroles excellentes et charmantes, si bien à leur place dans la bouche d'un vétéran alsacien! Puisse l'armée française posséder beaucoup de soldats qui méritent ce simple et substantiel éloge!

Que la guerre soit déclarée, Thiébaut s'en réjouira. Que ses fils partent pour la frontière allemande, il enviera leur sort. Qu'ils soient tués en combattant les oppresseurs de l'Alsace-Lorraine, le vieux soldat dira qu'ils ont fait leur devoir et il les pleurera fièrement. Oui, mais si, au lieu d'être envoyés vers le Rhin, ils étaient dirigés sur les Alpes, s'ils avaient affaire, non aux Allemands, mais aux Italiens!.... Oh! quelle douleur alors, et quelle colère! à la pensée que des balles italiennes pourraient tuer ses enfants!

Dès aujourd'hui il s'indigne à l'idée que cela serait possible. Si encore il ne s'agissait point de l'Alsace-Lorraine, si toute autre question mettait aux prises la France avec l'Italie, un bon soldat prendrait son parti d'oublier le passé et de vider la querelle par les armes, sans rancune. Ce serait alors pour lui simple affaire de métier. De part et d'autre on jouerait au plus brave et au plus habile, et quelle que fût l'issue de la lutte, une fois qu'elle serait terminée, rien n'empêcherait les combattants de se serrer loyalement les mains.

Mais trouver devant soi l'armée italienne le

jour où il s'agirait d'arracher l'Alsace-Lorraine aux Allemands, voilà une rencontre qu'aucun Français ne saurait accepter sans horreur. Du fait de l'Italie, la guerre deviendrait sacrilège et la lutte scélérate. L'Italie affranchie du joug allemand par la France, assistant l'Allemagne dans l'oppression d'une province française! l'Italie, usant de son indépendance pour maintenir ses libérateurs dans la servitude, au profit de ses anciens bourreaux! l'Italie, menant une guerre d'esclavage contre la nation qui brisa ses fers! Ce serait impie! ce serait infâme!

∴

Ces sentiments ne sont pas seulement ceux de Thiébaut Jæger. Ils sont ressentis par tous les survivants de la guerre d'Italie, c'est-à-dire par soixante mille vieux soldats[1] qui, dispersés dans toute la France, écoutés et respectés de chacun, font partager à leurs concitoyens la colère que leur inspire la conduite de l'Italie. Qu'on ne s'y trompe pas! c'est ainsi que se forme l'opinion.

1. 110 000 hommes environ sont revenus, en 1859, d'Italie en France. Si l'on admet qu'ils avaient en moyenne 35 ans (à cause du service de 7 ans, des vieux soldats et des officiers), il résulte des tables de mortalité de Quetelet que, en 1892, le nombre des survivants serait de $110\,000 \times \frac{151}{281}$ soit 59 000.

Ce n'est pas tant dans les combinaisons des diplomates, les informations des habiles ou les raisonnements des hommes bien instruits qu'elle prend naissance, que dans les idées et les passions populaires. Et cela n'est point à regretter. C'est parce qu'il en est ainsi que, malgré les coups de force et les mensonges officiels, il y a quelque suite dans l'histoire et quelque morale dans la politique. Lors donc que des Italiens liront en des journaux français de virulents articles contre leur pays, qu'ils veuillent bien, avant de s'en formaliser, considérer que les auteurs de ces articles peuvent être fils ou neveux de combattants de Magenta et de Solférino, qu'ils fassent l'effort, les tenant pour tels, de se mettre en leur place, et ils seront forcés de convenir qu'eux-mêmes ne se fussent pas exprimés différemment.

Je suppose — par impossible s'entend — que l'italie, accablée par un puissant ennemi, ait perdu quelqu'une de ses provinces, et que la France, demeurée étrangère à la lutte, s'allie plus tard au vainqueur et lui garantisse sa conquête; de bonne foi, voisins Italiens, quel est celui d'entre vous qui ne maudirait point la France, alors même que votre nation ne lui eût précédemment rendu aucun service? Que l'Italie, qui garantit à l'Allemagne la possession de l'Alsace-Lorraine (cela est suffisamment prouvé par l'impénétrable mystère qui entoure le traité d'alliance), ne s'étonne donc pas que la France s'en montre profondément blessée.

Je ne vois guère qu'un seul cas où la participation de l'Italie à la Triple Alliance serait justifiable vis-à-vis de la nation française. C'est le cas où celle-ci voudrait rendre Rome à la papauté. Alors, mais alors seulement, l'Italie, poussée vers l'Allemagne par le souci de son intégrité, serait fondée à garantir le *statu quo* en Alsace-Lorraine en retour d'une garantie pareille donnée par l'Empire allemand pour la ville de Rome. Mais jamais la France n'a tramé aucun complot contre Rome capitale. Les quelques ministres cléricaux d'avant 1879 se défendirent formellement de toute arrière-pensée d'immixtion dans les affaires de la péninsule; et, depuis cette date qui, remarquons-le, précède l'entrée de l'Italie dans la Triple Alliance, il ne semble pas que le gouvernement français se soit jamais exposé à passer pour clérical. La France devient au contraire tous les jours plus républicaine, les anciens partis s'affaiblissent et se désagrègent, et ce sont des amis de l'Italie nouvelle qui dirigent et dirigeront de plus en plus la politique française.

Personne, en Europe, sauf les hommes d'État qui gouvernent l'Italie, n'éprouve le moindre doute sur les intentions de la France au sujet de Rome. Et encore n'est-il guère croyable que ces hommes d'État doutent sérieusement; ils affectent plutôt de douter. Ces habiles gens se sont fait un système pour avoir les mains libres. Jugeant probablement des autres par eux-mêmes, ils ne croient pas un mot de ce qu'on leur affirme; mais, devins émérites, ils pénètrent les intentions d'autrui et présagent les événements à venir. Ayant donc connu par avance la résolution que prendraient les Français de dénoncer le traité de commerce avec l'Italie, ils les ont prévenus en prenant l'initiative de la rupture. De même, plongeant leurs regards dans l'avenir, ils ont vu la France s'efforçant de rendre Rome au Pape; et dès lors ils n'ont pu s'empêcher, quoiqu'ils se disent volontiers bons amis des Français, de se dévouer à la Triple Alliance.

Cependant, prêter gratuitement aux autres de mauvaises intentions est ce qu'on appelle en langage vulgaire : déclarer son chien enragé pour avoir le droit de le tuer. Ce stratagème est bien usé. Il ne trompe plus personne, même il pourrait se retourner contre ceux qui l'emploient. A force d'incriminer les gens, on les excite à mériter les reproches qu'on leur adresse. Comme dit Lisette dans l'*École des maris* :

C'est nous inspirer presque un désir de pécher
Que montrer tant de soins à nous en empêcher.

*
* *

Les autres griefs invoqués par les gallophobes italiens contre la France sont loin d'avoir la même portée que celui dont Rome capitale est le fallacieux motif. J'ai parlé en passant de la rupture des traités de commerce, consommée par l'Italie sous prétexte d'*ôter à la France la joie de dire non la première*. N'insistons pas sur ce grief. Si j'étais en Italie vigneron ou éleveur de bestiaux, je ne pardonnerais pas à mes gouvernants de s'être donné à mes dépens une puérile satisfaction d'amour-propre.

Vient ensuite la mainmise de la France sur la Régence de Tunis, antérieure, il est vrai, à l'entrée de l'Italie dans la Triple Alliance, et d'ailleurs constamment favorisée par ces deux bonnes et puissantes amies du peuple italien qui sont l'Allemagne et l'Angleterre. Sans doute l'Italie a de grands intérêts à Tunis; mais ceux de la France, maîtresse de l'Algérie, sont encore plus considérables, et ils offrent, par rapport aux premiers, l'avantage d'une longue priorité et d'une assiette inattaquable. En empêchant à plusieurs reprises la Tunisie d'être englobée dans l'Empire ottoman, la France n'avait pas entendu la réserver pour l'Italie.

∴

Cependant les crispiniens et autres gallophobes d'au delà des Alpes ne se contentent pas de prétexter les mauvais procédés de la France envers l'Italie pour justifier l'adhésion de celle-ci à la Triple Alliance. Ils écartent prestement de la discussion le point essentiel, la question d'Alsace-Lorraine, en lui opposant ce qu'ils appellent la question de Nice et de la Savoie. « Que dirait la France », écrivait l'an dernier M. Crispi à M. Bonghi, « si l'on discutait au Congrès de Rome la « question du droit de restitution de Nice et de la Corse? » Ainsi la Corse elle-même est mise en jeu.

Un autre Italien — j'aime mieux ne pas le nommer — qu'on ne s'attendait guère à rencontrer avec les suppôts de la Triple Alliance, s'est exprimé en ces termes sur le même sujet : « Ce raisonne- « ment pourrait très bien, en même temps qu'il « semble convenir aux Français, donner une « arme assez puissante aux Allemands pour prou- « ver à leur tour, par le même argument, que « l'Alsace est aussi bien allemande que Nice pro-

« vençale, et que si cinq siècles de dévouement « à la maison de Savoie n'ont point sauvé Nice « d'une annexion qui a été faite bien malgré elle, « un seul siècle de domination française en Alsace « ne justifie non plus la revendication de l'Alsace « contre l'Allemagne, faite par la France. On ne « peut pas, dans un même pays, avec un principe « différent, juger deux questions parfaitement « analogues. Par conséquent, si les Français sou- « tiennent la nationalité française de Nice, ils ne « peuvent s'étonner que les Allemands, de leur « côté, plaident la cause de la nationalité alle- « mande de l'Alsace. »

C'est ainsi que, sous l'action démoralisante de la Triple Alliance, parlent maintenant — au pays des plébiscites! — des hommes de mœurs courtoises et d'opinions modérées, qui se flattent d'aimer la France. Ce sont, il est vrai, des survivants d'un autre âge. Leurs *cinq siècles de dévouement à la maison de Savoie* sonnent un bruit de ferraille rouillée dans notre époque de suffrage universel et de revendications populaires. Et leur façon de raconter l'histoire montre ce que vaut leur témoignage. Quelle compétence, en effet, peut avoir sur la question d'Alsace un écrivain qui déclare, non point à la hâte, dans un journal, mais à tête reposée, dans un livre, que la domination de la France sur cette province *n'a duré qu'un seul siècle*? Sans doute il faut avoir beaucoup oublié depuis le collège pour ignorer que la France a possédé l'Alsace pendant plus de deux cents ans, de la paix de Westphalie au traité de Francfort, et Strasbourg pendant cent quatre-vingt-dix ans, de 1681 à 1871.

L'assertion que Nice a été annexée *bien malgré elle* vaut le trait précédent. Il semble, en vérité, qu'une légende hostile à la France soit en passe de s'accréditer en Italie touchant l'annexion de 1860. Voyons donc ce que fut cette annexion. Rappelons ensuite ce qu'a été celle de l'Alsace-Lorraine. Examinons les suites de chacune d'elles, et du rapprochement de ces faits sortira une juste comparaison entre la question d'Alsace-Lorraine et la prétendue question de la Savoie et de Nice.

*
* *

La cession à la France de la Savoie et de Nice en retour de l'extension des États sardes dans la plaine du Pô avait été prise en considération dès l'entrevue de Plombières, en juillet 1858. Elle fut décidée par les deux gouvernements après la réunion au Piémont de la Romagne et des duchés de l'Italie centrale. Toutefois la condition du consentement des populations fut expressément stipulée.

Le plébiscite eut lieu le 15 avril 1860 à Nice et le 22 avril en Savoie. L'issue n'en pouvait être douteuse, les électeurs ayant, le mois précédent, envoyé au parlement de Turin des députés presque tous favorables à l'annexion. Toutefois le résultat fut au-dessus de tout ce que la France pouvait espérer. A Nice, pour 30 706 électeurs inscrits et 25 993 votants, il y eut 25 743 oui, 160 non et 30 bulletins nuls (*Moniteur universel* du 27 avril). La Savoie, moins cinq petites communes, donna pour 137 244 électeurs, 131 744 oui, 235 non et 78 bulletins nuls (*Moniteur universel* du 28 avril). Enfin les militaires des provinces cédées, faisant partie de l'armée italienne, avaient donné, le 28 avril : ceux nés en Savoie, 5847 oui, 290 non, 26 bulletins nuls; et ceux originaires de Nice, 1200 oui, 186 non et 25 bulletins nuls (*Moniteur universel* du 29 avril).

Ainsi, presque tous les électeurs présents et valides ayant été aux urnes, le nombre des opposants a été tout à fait infime et vraiment négligeable. L'annexion à la France, on peut le dire, a été votée à l'unanimité. Elle n'a donc pas été moins pleinement et solennellement sanctionnée que ne l'ont été les annexions au nouveau royaume d'Italie votées les 11 et 12 mars 1860 à Bologne, Parme et Modène, le 21 octobre 1860 en

Sicile, le 30 novembre 1860 dans l'Ombrie, les 21 et 22 octobre 1866 en Vénétie, enfin le 20 octobre 1870 à Rome. Proportion gardée, le nombre des opposants à l'annexion fut moindre en Savoie et à Nice qu'il ne l'a été dans le royaume de Naples, où l'on compta 10 012 non contre 1 310 366 oui, dans les Marches, où il y eut 1 212 non contre 133 783 oui, et surtout en Toscane, où le vote des 11 et 12 mars 1860 accusa 14 925 autonomistes contre 366 171 partisans de l'annexion[1].

Il convient encore d'observer que, sauf pour la Vénétie, les annexions à l'Italie furent votées après la chute des anciens gouvernements et l'institution d'administrations nouvelles, naturellement hostiles aux régimes tombés, alors, par conséquent, qu'un retour au passé était devenu impraticable, tandis que la Savoie et Nice se donnèren à la France dans des conditions beaucoup plus méritoires. En effet, lors du plébiscite, ces provinces avaient encore leurs anciennes administrations; elles venaient même d'envoyer des députés à Turin. A ceux qui objecteraient qu'elles étaient tenues de ratifier les engagements pris par leur

1. Ces renseignements sur les plébiscites italiens sont empruntés à l'ouvrage de G.-C. Molineri : *Storia d' Italia dal 1814 ai nostri giorni*, Turin, 1891.

souverain et de déférer à ses exhortations, il y aurait à répondre que les peuples n'ont pas coutume de se sacrifier à la raison d'État, et qu'il serait d'ailleurs absurde de changer de patrie par loyalisme envers le pays que l'on quitte. Ce n'est toujours pas, sans parler d'exemples plus récents et bien connus, ce qu'ont fait au XVIe siècle les Bourguignons (depuis cinquante ans à peine retournés à la France), lorsque François Ier céda leur province à Charles-Quint pour payer sa rançon. Ils refusèrent de faire honneur à la parole royale, parole formelle cependant, nullement conditionnelle ; et cela dans un temps où les provinces se donnaient et s'échangeaient encore comme de simples portions de patrimoines royaux.

Leurs cinq siècles de dévouement à la maison de Savoie n'ont pas empêché les Niçois d'accueillir avec enthousiasme le régiment français qui vint relever la garnison italienne, ni d'envoyer à Napoléon III une adresse, couverte de signatures où, « *tout en professant la plus respectueuse sympathie* « *pour Sa Majesté Victor-Emmanuel, ils témoignent* « *leur reconnaissance à Sa Majesté l'Empereur des* « *Français, pour la remercier de l'intérêt qu'elle* « *porte à leur pays et de l'immense service qu'elle* « *leur rend en les réunissant à la France*

De son côté le Conseil municipal de Chambéry écrivait à l'Empereur : « *La Savoie est heureuse « de pouvoir vous témoigner officiellement la joie « qu'elle éprouve de sa réunion à la France.* » D'autres adresses, en très grand nombre, envoyées par les villes, villages, corps d'État, etc., exprimèrent les mêmes sentiments. Les populations ne se contentèrent pas de voter, elles se plurent à expliquer leurs votes.

Se sont-elles repenties depuis ? ou attiédies ?

Personne n'a osé le dire pour la Savoie; mais il existerait à Nice, selon les Italiens, un parti considérable en leur faveur. Je le veux croire, puisqu'on l'affirme; mais encore faut-il reconnaître que si ce parti est, en effet, considérable, il doit cet avantage bien plus à la qualité de ses adhérents qu'à leur nombre, puisque jamais, au grand jamais, il n'a obtenu le moindre succès dans les élections politiques; mais, qu'il soit tout ce qu'on voudra, qu'il se compose de vrais séparatistes ou de simples mécontents, comme il n'en existe que trop dans les grandes villes, cela n'importe guère en présence de ce fait que le Conseil municipal de Nice, le corps élu par tous les habitants, a ordonné la célébration solennelle, le 5 novembre prochain, du Centenaire de la première réunion de Nice à la France. Donc, en 1892, comme en

1860, Nice ne veut pas faire moins que la Savoie pour honorer sa nouvelle patrie.

Cela doit suffire à la France, qui pourra se montrer justement fière de cet affectueux témoignage de fidélité. Cela devrait aussi ouvrir l'entendement de ces classificateurs arriérés qui s'entêtent à séparer les hommes en nations, non d'après les sentiments que ceux-ci éprouvent, mais, comme s'ils étaient des automates, d'après les formes de leurs corps ou l'espèce de sons qu'ils articulent. Il serait temps, en vérité, que les docteurs en politique prissent leçon sur leurs confrères ès sciences naturelles, en substituant, pour la définition des genres, les caractères essentiels et profonds aux caractères superficiels. Ils apprécieraient alors à sa juste valeur la célébration des Centenaires qui se rapportent à la Révolution française; ils feraient la différence qui convient entre la Charte du *Conte Verde* et la Déclaration des Droits de l'homme; ils sauraient qu'il suffit de quelques années de liberté pour effacer cinq siècles de loyalisme.

*
* *

Ces leçons, les gallophobes allemands, plus encore que les Italiens, auraient profit à les recevoir. Mais aussi, par une juste adaptation des ressources aux besoins, l'Alsace-Lorraine est, mieux encore que Nice, propre à les donner. A cette vertu éducatrice commune se réduit la similitude de ce qu'on voit sur les rives du Paillon, avec ce qu'on observe sur les bords du Rhin et de la Moselle. Pour tout le reste il y a différence profonde, même opposition absolue, si bien que lorsqu'on entend des Allemands, d'une part, et des Italiens de l'autre, affirmer que l'Alsace et la Lorraine sont exactement par rapport à l'Allemagne dans la même condition que la Savoie et Nice par rapport à la France, on se sent pris de vertige et on se demande avec angoisse si les mots ont perdu leur sens ou si l'on a soi-même perdu la raison. Je n'exagère pas; que l'on compare et que l'on juge.

En Alsace-Lorraine, 200 000 obus lancés sur une ville; une pluie de fer et de feu, brûlant les monuments, détruisant les maisons, tuant ou blessant les habitants, femmes, enfants, vieillards, une artillerie formidable frappant dans le tas, avec acharnement. — En Savoie et à Nice, l'invasion la plus pacifique du monde, une conquête à coups de chapeau, des troupes faisant leur entrée musique en tête, acclamées, assaillies de vivats.

En Alsace-Lorraine, les députés unanimement hostiles à la cession, des protestations désespérées, la population navrée de douleur, indignée d'être livrée à l'Allemagne. — En Savoie et à Nice, des députés favorables à la cession, des adresses de remerciements, la population satisfaite et joyeuse de passer à la France.

En Alsace-Lorraine, pas l'ombre de consultation populaire, force agents de police, d'énormes garnisons, le petit état de siège, la dictature. — En Savoie et à Nice, le plébiscite stipulé par l'acte de cession, sur la demande même du cessionnaire ; ce plébiscite organisé sans retard, sous les auspices de l'ancienne administration ; le droit commun en toutes choses, nulle trace de régime d'exception ; pas plus de police et de troupe que partout ailleurs en France.

En Alsace-Lorraine, émigration en masse des fonctionnaires et de la jeunesse appelée sous les drapeaux, exode d'une partie de la population. — En Savoie et à Nice, nulle émigration, point de réfractaires, les fonctionnaires gardant leurs emplois.

En Alsace-Lorraine, résistance obstinée de la population ; élections uniformément répétées de députés protestataires, plus humiliantes pour l'Allemagne seize années après l'annexion (en 1887) que dans aucune des consultations précédentes; fureur des Allemands ; les mesures de rigueur décrétées aux applaudissements de la Germanie ; une muraille de la Chine élevée sur la frontière française, au mépris de la foi jurée à Francfort ; le régime des permis de séjour et des passeports instauré à la stupéfaction de l'Europe; la langue française expulsée du prétoire, de l'administration, de l'école, pourchassée dans les registres de l'état civil, les enseignes des boutiques, jusque dans les inscriptions des cimetières; la dissolution des associations locales, l'institution des maires de carrière ; la germanisation poursuivie à outrance, *per fas et nefas.* — En Savoie et à Nice, toutes portes ouvertes, partout la tranquillité, le contentement, la prospérité; les députés tous bons Français ; point de coercition, point de francisation, on ne sait pas ce que veulent dire ces mots.

L'Alsace-Lorraine, inconciliable avec l'Allemagne, gardant sa foi à la France, objet de discorde et de conflit entre ces deux pays, menace de conflagration pour toute l'Europe; cause première de la Triple Alliance, de la paix armée, des dépenses militaires illimitées, de l'anxiété et de la ruine générale; sujet de luttes passionnées entre les partisans du droit du plus fort, du despotisme et de la schlague, et ceux de la liberté, de l'égalité et de la fraternité, entre les amis du bon plaisir et ceux des Droits de l'Homme ; objet de la question la plus importante et la plus décisive pour l'avenir de l'Europe et du monde. — La Savoie et Nice attestant, par leur immédiate assimilation à la France, la supériorité des influences morales et des moyens pacifiques sur la force et sur la guerre ; magnifique exemple de l'efficacité du plébiscite pour résoudre correctement, sûrement, définitivement, à la satisfaction de tous, les questions de nationalité et de frontières entre les peuples ; matière d'une question épuisée du premier coup, à l'opposé de cette question d'Alsace-Lorraine, que l'Allemagne, prétendant la résoudre, a fait renaître brûlante et formidable.

∴

Et dire qu'il y a des Italiens pour identifier les deux annexions ! Je comprendrais à la rigueur qu'ils fussent mal informés du détail des faits qui se passent en Alsace-Lorraine. Strasbourg et Metz sont à quelque distance de l'Italie ; mais il y a un point très simple, très clair, parfaitement connu, sur lequel il existe, de l'une à l'autre annexion, une différence fondamentale ; et des Italiens, si germanophiles qu'ils puissent être, sont tenus de la constater et de la dénoncer.

L'Italie est, par excellence, le pays du plébiscite. C'est par la vertu du suffrage populaire qu'elle s'est agrégée en une seule nation. C'est en s'appuyant sur des plébiscites qu'elle a obtenu le consentement des autres États à ses extensions successives, et la reconnaissance, par l'Europe, de sa transmutation en grande puissance. Elle est, en fait et en droit, l'œuvre du plébiscite ; et cette œuvre, il lui revient de la défendre, non seulement dans son effet, mais dans son principe. Il est de son honneur et de son intérêt de proclamer l'excellence de la consultation populaire, de se poser en champion du plébiscite.

C'est à cette obligation que manquent absolument ceux des Italiens qui tiennent l'annexion de 1871 pour pareille à celle de 1860. Celle-ci, nous l'avons vu, s'accomplit en vertu d'un plébiscite aussi valable et aussi concluant qu'aucun de ceux qui ont formé l'Italie. La Savoie et Nice sont françaises au même titre que les Romagnes, la Sicile, Venise, Rome, etc., sont italiennes La majorité pour l'union avec la France a même été plus grande en Savoie et à Nice que ne l'ont été, en Toscane, dans le royaume de Naples et dans les Marches, les majorités en faveur de l'union avec le royaume d'Italie. En conséquence, tout Italien d'une portée d'esprit et d'une droiture même ordinaires est strictement tenu, je ne dis pas seulement de renoncer, pour son pays à toute prétention sur la Savoie et sur Nice, mais encore de hautement reconnaître la légitimité et l'indissolubilité des liens qui unissent ces provinces à la France. Agir autrement serait, de sa part, infirmer la valeur du lien national de son pays. Ce serait ajouter, à une vilenie à l'égard de la France, une faute envers sa patrie.

Pour les mêmes motifs, il doit condamner l'annexion de 1871. Même s'il ne tenait pas compte des protestations de l'Alsace-Lorraine, dont cependant l'Allemagne elle-même a voulu, par l'institution du régime des passeports, faire éclater l'énergie et la constance, il aurait l'obligation de s'élever contre une annexion faite par la force. Sa conscience d'homme et d'Italien lui fait un devoir de réprouver ce prétendu droit de conquête, si brutal, si arriéré, qui est la négation de cet autre droit, fondé sur la consultation populaire, d'où résulte l'existence légale de sa nation.

L'immoralité de l'engagement contracté au sujet de l'Alsace-Lorraine n'apparaît que trop par les fausses situations et les capitulations de conscience qu'il entraîne chez ses partisans. Ceux-ci, pour se donner raison à eux-mêmes, sont constamment obligés de taire ou de déguiser ce qui se passe dans le Reichsland. Il est répugnant de voir à quel degré de mauvaise foi et de malveillance ils peuvent descendre, en haine, non de l'Alsace-Lorraine — Dieu merci, on ne nous hait pas! — mais de la France. L'assimilation qu'ils font du cas de l'Alsace-Lorraine avec celui de Savoie et de Nice en est un témoignage assez frappant. Il en existe bien d'autres : le silence gardé sur les protestations des Alsaciens-Lorrains et sur les mauvais traitements qui leur sont infligés, le parti pris, quand il faut enfin parler, d'amoindrir les protestations en restreignant leur portée, et d'atténuer les sévices en les appréciant, non d'après les faits, mais d'après les instructions ou les comptes rendus des autorités ; l'habitude d'attribuer à des menées françaises les résistances au régime allemand et de faire retomber sur la France la responsabilité des mesures de rigueur ; enfin, ce qui nous est particulièrement pénible, l'art de trier et de dénaturer les faits, en vue de représenter les Alsaciens-Lorrains comme disposés à se rallier à l'Allemagne.

Il n'est rien de plus odieux, quand on est faible, opprimé, misérable, que de se sentir guetté par des gens auxquels on n'a jamais causé le moindre tort, et qui, cependant, interprétant vos démarches, travestissant vos actions, falsifiant vos paroles, s'appliquent à exagérer vos faiblesses et à grossir vos défaillances. Qu'avez-vous à faire, statisticiens venimeux, de nous dégrader, de nous vilipender, de nous retirer jusqu'à l'honneur, seul bien qui reste au malheureux? Avez-vous donc assez complètement oublié ce que vous étiez, il y a trente-quatre ans, pour n'avoir plus ni justice ni pitié envers ceux qui souffrent aujourd'hui ce que vous souffriez alors? Tout ce que vous pouvez noter chez nous, ne pouvait-on pas l'observer également chez vous? N'auriez-vous eu que des exilés, des héros et des martyrs? Ne se serait-il rencontré parmi vous ni valets, ni espions, ni traîtres, ni bourreaux? Et les serments de vos fonctionnaires, les adresses de vos corps électifs, les témoignages de fidélité donnés à vos ci-devant maîtres par tant de loyaux sujets, ont-ils fait le moindre obstacle à vos triomphants plébiscites? à ces foudroyantes manifestations, qui éclatèrent sur tous les points de votre territoire, après que Thiébaut Jæger et ses camarades vous eurent donné un coup de main pour nettoyer vos capitales, et y mettre des urnes à la place des trônes? Rappelez-vous! Rappelez-vous! et ne flétrissez pas l'humanité pour l'amour de la Triple Alliance!

*
* *

Mais, laissons pour un temps ces amères pensées; détournons les yeux de ces tristes spectacles. Il y a, Dieu merci, autre chose à voir en Italie que des sectateurs de la Triple Alliance et des complices de l'Allemagne. Si la cause de l'Alsace-Lorraine y rencontre de nombreux et puissants adversaires, elle y trouve aussi beaucoup de partisans et d'ardents champions. On ne la défend nulle part avec plus de vaillance. On sent, par la passion qui anime les deux partis, que la querelle n'intéresse pas moins l'Italie que la France; et l'on voit assez que, malgré leurs relations avec les Allemands, ce sont toujours les Français que les Italiens aiment ou haïssent comme on aime ou comme on hait des frères.

Quel plus chaleureux et plus éclatant témoignage de sympathie la France et l'Alsace-Lorraine pourraient-elles recevoir que celui dont elles furent honorées par Garibaldi? Oubliant son âge et ses infirmités, ne voulant plus se rappeler que les troupes françaises lui avaient, à deux reprises, arraché Rome, le héros de Marsala courut mettre son épée au service de la République française et défendre le droit des peuples à disposer d'eux-mêmes. C'est à lui et à ses vaillants compagnons que la France, accablée par le malheur et abandonnée de tous, doit la seule assistance qu'elle ait reçue et l'un des rares succès militaires qu'elle ait obtenus pendant cette désastreuse guerre. Retiré à Caprera, le général de l'armée des Vosges continua de nous défendre. L'Italie officielle attendit sa mort pour s'engager dans la Triple Alliance. Honorons, compatriotes d'Alsace-Lorraine, la mémoire de Garibaldi. Elle doit nous être particulièrement chère. Le cœur de ce grand homme a battu pour nous. Son bras nous a défendus. Il fut le plus intrépide et le plus généreux champion des peuples opprimés. En se dévouant à notre cause, il l'a ennoblie et illustrée. Elle devrait être sacrée pour tous les Italiens.

A mesure que la Triple Alliance s'est consolidée en Italie, que ses partisans, mieux affermis au pouvoir, ont rompu plus ouvertement avec la France pour se rapprocher de l'Allemagne et de l'Autriche, nos amis ont voulu nous signifier plus expressément leur affection. Le jour où Felice Cavallotti, indigné des provocations adressées à la France, s'écria : « *Avant d'arriver aux Français, nos soldats devront passer sur mon corps* », ce jour-là notre émotion fut profonde. Ce noble cri, jeté par l'un des plus fiers et des plus ardents patriotes de l'Italie, nous pénétra de joie et de reconnaissance. De bien loin la réparation avait dépassé les outrages.

En janvier 1889, une vigoureuse campagne est menée par nos amis de l'extrême gauche contre la Triple Alliance. Des meetings de protestation sont organisés dans les principales villes; et de Naples à Milan, retentissent, avec le chant de *la Marseillaise*, les cris de : A bas la *Triplice!* vive la France.

Plus tard, quand, après la chute du dictateur Crispi, le nouveau Ministère eut, en cachette, renouvelé le pacte secret, Cavallotti, Imbriani, Colajanni, Pantano, E. Ferrari et leurs amis font une résistance si furieuse, si désespérée, que le parlement est contraint de se séparer sans avoir pu approuver la politique du gouvernement. Les séances des 27 et 28 juin 1891, au palais de Monte Citorio, ont été de véritables batailles, livrées sous les yeux de l'Europe attentive, et gagnées par nos amis, qui combattaient un contre six. Gloire à jamais à ces intrépides champions de la liberté! à ces implacables adversaires de l'absolutisme!

Le 4 octobre de la même année, les mêmes hommes viennent à Nice serrer les mains des Français au pied de la statue de Garibaldi. Ils ont à leur tête le gendre du héros, le général

Canzio. Généreuse visite et significative entrevue! Qui donc, après cette démarche des Garibaldiens, aurait le droit de prétendre qu'il existe une question de Nice?

Enfin, il y a quelques mois, le ministère di Rudini tombe, à son tour, pour n'avoir pas su ou n'avoir pas pu rompre avec une politique inféodée à la Triple Alliance. Cette politique, deux fois condamnée, va-t-elle enfin succomber? Le vaillant *Secolo*, l'organe de l'extrême gauche et, soit dit en passant, le journal le plus lu dans la péninsule, charge à fond, sous l'énergique direction de M. Sonzogno, cette désastreuse alliance. A nos amis de gauche se joignent, pour la combattre, nos amis de droite, car nous avons des amis des deux côtés, et M. Bonghi[1] ne s'intéresse pas moins à nous que M. Bovio.

1. Dans un remarquable article publié dans la *Nuova Antologia* du 15 septembre 1891, sous le titre : *la Situazione europea e la Francia*, M. Bonghi a écrit les lignes suivantes, qui résument parfaitement la question d'Alsace-Lorraine : *L'Allemagne a changé un droit public presque entièrement accepté, à savoir que l'on ne devait pas faire passer les populations d'un Etat dans un autre sans leur consentement. C'est la conscience seulement qui dit de quelle nation est un peuple. Or le peuple alsacien a répondu par des faits, puisqu'il ne l'a pas pu par la parole, que désormais il ne se sent plus et ne veut plus être allemand. Par conséquent l'union avec l'Allemagne dans la-*

Un nouveau ministère se forme péniblement. Hélas! ce n'est pas celui qu'on attendait. C'est le *ministère des commis*. Le Sénat le conspue. Il serait tombé à plat, dès le premier scrutin, sans les suffrages que ses propres membres, prenant part au vote, se sont accordés à eux-mêmes. Cahin caha, il se traîne jusqu'à la prorogation des Chambres; et maintenant, libre de contrôle, il bouleverse les préfectures et pétrit la matière électorale.

Qui donc a fait ce ministère?

On dit que c'est la cour. De cours je n'ose guère parler, n'en ayant jamais vu, et d'ailleurs, n'ayant point à regretter cette ignorance, si j'en juge par ce qu'ont dit de ces antichambres de la royauté Bossuet, La Bruyère, Saint-Simon, Paul-Louis Courier, ce dernier, il est vrai, un peu suspect. Mais l'histoire nous montre le rôle des cours dans la vie des peuples, et ce rôle public n'est pas pour les relever dans l'estime des

quelle la guerre de 1870 a jeté les Alsaciens est une chose violente qui ne peut, qui ne doit pas durer, et dont l'exemple corrompt toute l'âme de l'Europe. Voilà de nobles paroles, dont l'Alsace-Lorraine doit être profondément reconnaissante à celui qui les a prononcées. Feu M. le sénateur Jacini avait exprimé les mêmes idées dans ses *Pensieri sulla politica italiana*, parus dans la même Revue les 16 mai, 1er juin, 16 juin 1889 et le 16 février 1891.

hommes. Les plus célèbres de l'ancienne monarchie, celles de Charles VII (à Bourges), François Ier, Louis XIII, Louis XIV, Louis XV, ne passent guère pour avoir dignement servi la France; et si nous considérons les plus brillantes parmi celles des derniers temps, la cour de la reine Marie-Antoinette et la cour de l'impératrice Eugénie — car les cours sont bien plus l'œuvre des souveraines que celle des souverains, — nous voyons que la première a conduit la France à la Terreur et que la seconde l'a menée à Sedan.

Dois-je souhaiter à l'Italie, elle aussi, assure-t-on, dirigée par une cour, quelque catastrophe semblable? Certes, j'en aurais le droit comme Alsacien-Lorrain. J'y serais autorisé par les nécessités de la défense et de la plus légitime défense, et cependant je n'ai pas le courage de prononcer une telle malédiction. Je vois Garibaldi, deux fois repoussé de Rome par les armes françaises, accourant au secours de la France aux abois et s'émouvant de pitié pour l'Alsace-Lorraine. Je vois Cavallotti se dévouant pour empêcher un combat fratricide. Je le vois avec Imbriani et leurs amis, faisant des efforts surhumains pour abattre la Triple Alliance; et, avec eux, je vois d'autres hommes de différents partis, soutenant la même lutte avec la même sympathie pour l'Alsace-Lorraine. Et, témoin de ces nobles sentiments et de ces vaillantes actions, il me semble que, dans ce pays d'Italie, nos amis nous aiment encore plus que nos ennemis ne nous détestent. Je me persuade que le différend qui sépare les deux nations sœurs se dissipera. J'ai confiance que nos défenseurs, qui représentent l'avenir, vaincront nos adversaires, qui sont les champions du passé.

CHAPITRE IV

ALSACE-LORRAINE

Il ne faut pas nous le dissimuler, mes chers compatriotes, nous sommes, pour beaucoup de gens, des trouble-fêtes. Un Italien me disait naguère : « J'ai un grand fils qui va être soldat; je suis pour la Triple Alliance, qui assure la paix. » Combien de ses concitoyens pensent comme lui et, comme lui, sont bien aises de nous déclarer cette opinion! Nous dérangeons ces bonnes gens, notre plainte les importune, et si quelqu'un de nos amis vient à leur rappeler qu'ils furent, eux aussi, des opprimés, tirés jadis de servitude par un voisin compatissant, nous leur devenons alors tout à fait à charge. « A quoi bon, disent-ils, rappeler le passé qui est mort? Le présent et l'avenir importent seuls. Que les Alsaciens-Lorrains acceptent enfin leur destinée et qu'ils veuillent bien nous laisser la paix. »

En Angleterre, le gentleman a le devoir de s'intéresser à nous; ses principes humanitaires l'y obligent; mais, en dépit des principes, il nous en veut de nuire à ses affaires et d'être, pour son pays, une cause d'embarras et de faux frais. Nous avons, à son gré, fait assez de résistance pour sauver l'honneur, et il serait sage, de notre part, d'accepter enfin le fait accompli. Après tout, se dit-il, des Alsaciens-Lorrains ne sont pas des Anglais, et la fierté britannique serait déplacée chez ces naturels du continent.

En France même, nous ne laissons pas que de fatiguer certaines gens. Il y a d'abord les colonisateurs à outrance. Si leur zèle est excité par le seul amour du prochain, je n'ai rien à leur reprocher, car il y a certainement plus de mérite à chérir des nègres qu'à aimer des Lorrains et des Alsaciens; mais si ce zèle avait des motifs moins désintéressés, on pourrait le juger au moins intempestif, d'autant que, jusqu'ici, le sort des colonies a toujours été lié à celui de la métropole et leur prospérité à la puissance de celle-ci.

Mais ce n'est pas seulement auprès des intransigeants de la politique coloniale que les Alsaciens-Lorrains tiennent l'emploi de fâcheux. Pour des motifs tout différents et par l'effet d'un déplorable préjugé, les malheureux annexés sont encore mal vus de certains patriotes français. Que de fois, mes chers concitoyens, nous est-il arrivé, venant en France, d'être questionnés sur notre condition, sur notre nationalité, et que de fois, l'interrogatoire terminé, nous a-t-on dit : *Alors, vous n'avez pas opté...; alors vous êtes... Prussien !* Paroles prononcées maintes fois d'un ton d'humiliante compassion, propre à en redoubler l'affreuse amertume. N'a-t-on pas reproché et ne reproche-t-on pas encore à des Alsaciens-Lorrains, redevenus Français, d'avoir différé leur option, d'avoir accepté pour un temps la qualité de sujet allemand? Et ce reproche n'a-t-il pas été publiquement et hautement formulé? Ne s'est-il pas, à l'occasion d'une lutte électorale, répercuté jusque dans l'enceinte du Sénat[1], où, dans un éloquent et patriotique discours, M. Tolain en a fait justice?

Oui, tout cela est vrai. Je n'en voudrais pas exagérer l'importance, mais il convient de constater le fait et il n'importe pas moins de signaler l'injustice de ces préventions. Il en faut encore remontrer l'absurdité, qui résulte d'une contradiction formelle entre les effets qu'amènerait le triomphe de tels préjugés et les résultats souhaités par ceux qui les partagent. Car ces derniers se font gloire

1. Séance du 5 février 1891.

de revendiquer le retour à la France de l'Alsace-Lorraine ; et cependant le meilleur moyen d'empêcher ce retour serait que les Alsaciens-Lorrains émigrassent en foule, laissant, pour s'établir en France, leur pays aux Allemands. Du jour où aurait lieu cette substitution, l'Alsace-Lorraine serait perdue pour la France. Ceux-là vont donc contre leur but qui se montrent mal disposés pour les annexés restés fidèles au sol natal. Loin de les traiter avec dédain, ils devraient les réconforter, les encourager ; et c'est ce qu'ils feraient sans doute s'ils étaient mieux instruits.

Malheureusement la consigne donnée en France touchant l'Alsace-Lorraine : *Pensons-y toujours, mais n'en parlons jamais*, a été suivie trop à la lettre et pendant trop longtemps. Des jugements faux se sont établis parce que les hommes capables d'éclairer l'opinion publique s'étaient condamnés au silence. L'imagination populaire, emphatique et passionnée, s'est complu au spectacle des Alsaciens-Lorrains se levant en masse, quittant leurs foyers, couvrant les routes de longues files de chariots, pour fuir la domination allemande et rester fidèles à la France. Cette dramatique et pittoresque vision a séduit le public français, qui se serait vite ravisé si on lui avait montré qu'un tel exode comblerait les vœux des

Allemands. Il eût été bien facile de lui faire comprendre que l'intérêt de ceux-ci et le principal objet de leurs soins est d'éliminer du territoire conquis les éléments rebelles à son assimilation par l'Allemagne.

Qu'on montre donc son erreur à ce public, que la presse se donne la peine de l'instruire, et le malentendu, car il ne s'agit pas d'autre chose, se dissipera tout aussitôt. Les patriotes, plus ardents que clairvoyants, qui s'y sont laissé prendre, regretteront d'avoir peut-être, en une certaine mesure, fait le jeu de l'Allemagne.

*
* *

Il était inévitable que la conquête allemande et la faculté d'option entre les deux nationalités, qui en fut la conséquence, déterminassent l'immigration en France d'une partie des Alsaciens-Lorrains. Cela n'était pas seulement inévitable, cela était encore utile et désirable. Il importait que les provinces perdues manifestassent dans toute sa force, sous une forme aussi significative, leur fidélité à la patrie perdue. Mais il ne fallait pas, pour des motifs d'un autre ordre, aller trop loin dans cette voie.

Fixer à cet égard la juste limite est sans doute bien délicat. Dans ces matières, où le sentiment joue un rôle si important, une grande part doit être laissée à l'impulsion personnelle. Cependant on peut, sans cesser de respecter celle-ci, se placer à un point de vue général, en considérant l'effet utile à obtenir; et comme cet effet utile, qui consiste dans la conservation en Alsace-Lorraine de l'idée française et dans le retour à la France du territoire séparé, est parfaitement défini, et que, de plus, Français et Alsaciens-Lorrains se proposent également, comme terme de leurs efforts, de le réaliser, il est possible de raisonner sur les meilleurs moyens de parvenir ensemble à cette fin.

L'émigration s'imposait aux officiers et aux fonctionnaires en activité. Elle s'imposait aussi aux jeunes gens appelés à servir sous le drapeau allemand, mais avec moins de rigueur et non point avec la même force pour tous, à cause de la différence des conditions et de l'inégalité qui en résulte pour la dureté des sujétions. Celles-ci sont bien moins pénibles pour un jeune homme de condition aisée que pour un pauvre fils de paysan. Le premier a de l'instruction, des relations, des ressources pécuniaires, qui lui permettent de mener loin de chez lui une existence tout au moins tolérable; ses parents peuvent l'aller voir; on peut se rencontrer auprès de la frontière. Le second est privé de ces compensations. L'émigration est pour lui une rupture prolongée et souvent définitive avec sa famille et son village, avec tout ce qu'il a connu et aimé, rupture d'autant plus fâcheuse que le souci du pain quotidien s'ajoute à la douleur de la séparation. Celui-là donc, le fils de paysan ou d'ouvrier, serait excusable de rester, tandis que l'autre, celui que, malgré la Révolution, on continue d'appeler le fils de famille, serait inexcusable de ne point partir.

Un grand titre d'honneur pour l'Alsace-Lorraine, c'est que les fils de paysans s'y sont comportés en fils de famille. Plus de 80 000 jeunes gens, appelés à faire leur service militaire en Allemagne, ont émigré de 1871 à 1875, pendant les quatre premières années de la conquête. Des 112 000 inscrits sur les listes de recrutement, il ne s'en est présenté aux autorités que 28 000, dont 10 000 seulement se trouvèrent aptes au service. Voilà des chiffres qu'on ne saurait trop rappeler. Ils donnent sur la loyauté des Alsaciens-Lorrains, sur leur fierté, sur leur puissance de résistance à l'oppression et de dévouement à l'idée française, en un mot, sur l'état très avancé de leur condition morale et de leur sentiment patriotique, le témoignage le plus décisif et le plus honorable

Jamais, dans aucun temps, ni dans aucun pays, on n'avait vu s'accomplir spontanément, à la suite d'une conquête, une pareille migration. La foi religieuse seule avait pu inspirer à tant de milliers d'hommes le courage d'accepter un si déchirant sacrifice.

Encore aujourd'hui, le nombre des réfractaires reste considérable. Tous les ans, les tribunaux du Reichsland les condamnent par fournées, frappant leurs parents de fortes amendes et prononçant des confiscations. Mais ces réfractaires, en révolte ouverte contre la loi, ne sont pas les seuls dont il faille tenir compte. Beaucoup de jeunes gens, profitant d'un droit conféré par la législation allemande, quittent légalement le pays avec un permis d'émigration (qu'on est tenu de délivrer à tous ceux qui en font la demande) et changent ensuite de nationalité.

Par le fait de ces départs, l'Alsace-Lorraine est soumise en quelque sorte à un régime de copieuses saignées, qui retirent peu à peu de ses veines le meilleur du sang français dont elles étaient remplies. Et c'est du sang allemand qui vient combler le vide. A cela il n'y a malheureusement rien à faire. Il est impossible de blâmer le refus des Alsaciens-Lorrains de servir sous le drapeau allemand.

Mais il faut borner là son approbation et se bien garder d'encourager d'autres départs qui ne seraient pas déterminés par des motifs aussi impérieux. La classe aisée, qui, particulièrement en Alsace, n'est point, à cause du morcellement de la propriété, fortement attachée au sol, a beaucoup trop émigré. De là, pour les fonctions électives, cette fâcheuse pénurie de candidats sortables, et l'avènement à ces fonctions d'un trop grand nombre de personnes peu capables et peu indépendantes, qu'il a fallu prendre faute de mieux. De là encore le trouble jeté dans l'existence de quantités de petites gens, clients, serviteurs, fournisseurs ou simples voisins des émigrés, qui, se trouvant, aux jours d'épreuve, abandonnés de leurs patrons naturels, et privés ainsi de l'assistance et des conseils sur lesquels ils avaient pris l'habitude de compter, pâtissent de la séparation, s'en affligent et finissent par se décourager. L'infortune resserre les liens de ceux qui la subissent en commun; elle accroît la solidarité entre les hommes de différentes classes qui souffrent ensemble. Il ne faut pas que les mieux armés pour la résistance, les plus capables de faire tête au danger, manquent à cette solidarité, confirmée et, en quelque sorte, rendue sacrée par le malheur. Là où ils sont nés, là où ils habitent de père en fils, avec ces familles dont les maisons entourent leur toit, avec ces paysans et ces artisans aux existences desquels leur vie est étroitement mêlée, là ils ont le devoir de rester et de se maintenir de toutes leurs forces.

Qu'ils attendent pour partir que leurs fils, devenus grands, soient forcés de quitter le pays, cela vaudra déjà mieux que d'avoir émigré sitôt après l'annexion. Mais que, laissant aller leurs enfants, ils restent quand même, voilà qui sera tout à fait bien. Ils partageront ainsi complètement le sort de leurs compagnons les plus méritants, de ceux dont les fils, avec ou sans permis d'émigration, auront été s'enrôler en France. Et comme leur position de fortune leur eût permis de partir, leurs concitoyens auront pour eux d'autant plus de reconnaissance de ne les avoir point abandonnés. Par là se maintiendra, entre le notable et ses clients, une communauté de sentiments et d'aspirations qui contribuera très efficacement à conserver les idées françaises et à rendre infructueuses les tentatives de germanisation.

*
* *

De l'ensemble des considérations précédentes il résulte assez clairement que, si l'on juge les émigrations d'Alsaciens-Lorrains au point de vue français, il faut regarder les unes comme utiles, les autres comme nuisibles, et que, en règle générale, les émigrations utiles sont les émigrations partielles, c'est-à-dire réduites, pour une famille, au départ de quelques-uns de ses membres, tandis que les émigrations nuisibles sont les émigrations totales, comportant le départ de la famille tout entière. Car ces dernieres produisent une perte nette pour l'élément français et, de plus, favorisent indirectement, par les vides qu'elles occasionnent, l'intervention de l'élément allemand. Au contraire, les émigrations partielles séparent violemment les uns des autres des parents et des enfants qui, aspirant à se réunir, supportent avec impatience la conquête allemande et appellent de tous leurs vœux le retour de l'Alsace-Lorraine à la France.

Il n'y a pas de meilleur préservatif contre la germanisation que cette dislocation des familles, qui entretient de part et d'autre de la frontière le malaise, l'irritation et de profondes rancunes contre l'envahisseur. Les Allemands le savent bien. Lorsque, sous le régime des mesures de rigueur, des Alsaciens-Lorrains se lamentaient sur l'interdiction faite à leurs enfants de passer la frontière, les autorités, quand elles étaient en veine de franchise, leur répondaient : « Vos fils n'avaient qu'à rester ici; si vous tenez tant à les voir, allez les retrouver et ne les quittez plus. »

Ce moyen de se débarrasser des adversaires est classique en Allemagne. Ce ne sont pas seulement les Alsaciens-Lorrains qu'on y exhorte à se transporter à l'étranger, mais encore les Polonais, les Danois, les Guelfes et généralement tous les « ennemis de l'Empire », parmi lesquels ont été rangés tour à tour les catholiques, les socialistes, les progressistes, même les nationaux-libéraux, même les vieux conservateurs, c'est-à-dire, aux militaires près, tous les Allemands. Charmant gouvernement! qui invite toute la population civile à vider le pays.

Dans le même but d'expurgation nationale et politique, on encourage en haut lieu l'acquisition par les Allemands des domaines appartenant aux familles d'Alsace-Lorraine. L'empereur lui-même a donné l'exemple par l'achat, aux environs de Metz, du château et de la terre d'Urville. Mais les leudes ne se hâtent pas d'imiter leur seigneur. Soit qu'ils ne comptent pas beaucoup sur la solidité de la conquête, soit qu'ils attendent, pour faire marché, que les propriétaires, accablés de vexations, à bout de patience, cèdent leurs biens à vil prix, toujours est-il que la germanisation par l'achat des terres n'a pas encore été sérieusement entreprise. Il faut dire que, si elle est possible en

Lorraine jusqu'à un certain point, elle est à peu près impraticable en Alsace où, en dehors des forêts, il n'existe pour ainsi dire pas de grandes propriétés.

Au demeurant, les Allemands ont un intérêt trop manifeste à se débarrasser des Alsaciens-Lorrains, hostiles à leur domination et capables de les contrecarrer, pour qu'il soit utile d'insister davantage sur leur volonté de les éliminer. La grande persécution des passeports a été instituée par M. de Bismarck pour mater les annexés et tâcher, en poussant à bout ceux qui avaient le plus d'attaches avec la France, d'en purger le pays. Elle fut expressément dirigée contre les Alsaciens-Lorrains, et seulement par ricochet contre les Français, en dépit de l'insulte faite à ces derniers par la violation flagrante de l'article 11 du Traité de Francfort.

Il importe donc que les Alsaciens-Lorrains non astreints au service militaire allemand aient le courage de se cramponner à leurs foyers et de tenir bon jusqu'à la dernière extrémité. Aussi bien, si j'étais encore Français et que je vinsse à rencontrer une de ces têtes carrées de patriotes annexés, opiniâtrément attachés au sol des provinces perdues, je ne saurais, en vérité, trouver de termes assez forts pour reconnaître son dévouement et louer son mérite. Que si j'avais affaire à un Alsacien-Lorrain, demeuré d'abord dans son pays et plus tard redevenu Français, mais sans y avoir été positivement contraint, je le louerais encore, quoique sans effusion. Mais si mon Alsacien-Lorrain, émigré de la première heure, se faisait un titre d'honneur de ce prompt départ, s'il s'exclamait sur l'horreur que lui inspire la vue de l'uniforme prussien, sur l'insurmontable répugnance qu'il éprouve à rencontrer des Allemands, sur l'impossibilité où il se trouve de supporter leur contact, oh ! alors, je n'approuverais, ni ne contredirais... je détournerais la conversation....

Je ne pourrais pas m'empêcher de penser que si je vivais avec cet homme sensible et que je vinsse à tomber en quelque grave infirmité, faute d'en pouvoir soutenir le spectacle, il me planterait là; que si je venais à mourir, l'extrême susceptibilité de ses nerfs ne lui permettrait ni de donner les derniers soins à mon corps, ni de l'ensevelir. Je me dirais qu'il appartient à cette classe de délicats qui évitent de prendre sur eux pour se dispenser des besognes pénibles ou rebutantes et les laisser faire par d'autres. Et je tirerais — toujours à part moi — cette conclusion, qu'il y a plus d'intelligence, de courage et de vrai patriotisme, étant Français de cœur, à rester Alsacien-Lorrain, au risque d'être appelé Prussien, qu'à abandonner ses compatriotes aux coups et aux obsessions du conquérant, pour venir, libre d'obligations et de misères, tranquillement habiter la France.

Il ne faut pas oublier qu'il y a maintenant en Alsace-Lorraine plus de 150 000 immigrés allemands, sans compter 70 000 hommes de garnison. Or, le chiffre total des habitants, soldats compris, a constamment diminué depuis 1871, quoique les naissances l'aient emporté sur les décès. On peut juger par là du vide énorme qui s'est fait dans la population indigène et du dangereux effet de l'émigration qui a causé ce vide.

*
* *

L'ignorance de la vraie situation et des véritables sentiments des Alsaciens-Lorrains, les préjugés, fondés sur l'histoire et sur le langage, que l'Allemagne a répandus contre eux, enfin la difficulté d'intéresser la multitude au malheur de quelques-uns, ont fait tort et continuent de nuire, auprès des nations étrangères, à la cause des provinces annexées. Non pas que, dans aucune de ces nations, on ait grande confiance dans les allégations des Allemands; mais, du moins, les accepte-t-on tellement quellement ; ici, pour justifier une participation à la Triple Alliance ; là, pour éviter de prendre parti dans une question qu'il est commode de pouvoir regarder comme douteuse ; ailleurs, pour renvoyer les adversaires dos à dos, en déclarant que les dommages se compensent et qu'il y a lieu de maintenir le *statu quo*.

Tout bien considéré, si l'on met à part l'Allemagne, il n'existe nulle part, contre l'Alsace-Lorraine, d'hostilité déclarée, ni même, le plus souvent, de malveillance. Il y a seulement de la mauvaise humeur. Quand un bourreau est très fort et que les assistants regardent à s'en prendre à lui, il leur est désagréable d'entendre la victime se plaindre et appeler au secours. Mais que celle-ci s'obstine à faire retentir sa plainte, qu'elle ne se lasse point de renouveler son appel, et il y aura beaucoup de chances pour qu'elle finisse par forcer la pitié. Tôt ou tard, les voisins, excédés de la persistance des clameurs, furieux d'être dérangés par ce vacarme, sortiront de leur réserve et mettront à la charge du donneur de verges le trouble causé par un supplice odieusement et inutilement prolongé. Les choses se sont ainsi passées pour la Grèce d'abord, pour l'Italie ensuite. Elles se passeront de même pour l'Alsace-Lorraine.

Mais alors, dira-t-on, c'est la guerre que vous demandez. Non, nous ne demandons pas la guerre. Nous ne pouvons pas la demander. Deux grands peuples se battraient à mort, et nous serions l'enjeu, le prix de la victoire! exempts, quelle que fût l'issue du combat, des charges accablantes de la défaite! Ces deux peuples risqueraient, pour nous, jusqu'à leur existence, et alors que l'un d'eux devrait succomber, nous serions assurés par avance de n'avoir matériellement à souffrir que pendant la durée de la lutte! En de telles conditions, l'honneur nous défend de provoquer cette lutte. Il ne nous convient pas, jouant le rôle d'Hélène, de mettre aux prises les Grecs et les Troyens.

Tout ce que nous pouvons faire est de montrer que, le cas échéant, nous ne craindrions point la guerre. Nous sommes même tenus d'en donner l'assurance à nos chers amis d'au delà des Vosges; et nous la leur avons donnée de la manière la plus catégorique au mois de février 1887. Les Allemands eux-mêmes nous en fournirent l'occasion. Ils nous menacèrent de la guerre avec la France si nous envoyions au Reichstag des députés de la protestation. Nous n'en avons pas envoyé d'autres, et nous les avons nommés avec d'écrasantes majorités.

Est-ce à dire que, sans demander la guerre, nous serions satisfaits de la voir éclater? Tel est, sans aucun doute, le sentiment de beaucoup d'Alsaciens-Lorrains, et notamment de ceux d'entre eux que les mesures générales ou individuelles, prises par les Allemands, condamnent à vivre hors du Reichsland. Réduits à mener une existence dévoyée et précaire, sans cesse ballottés entre l'espérance et le découragement, énervés par l'anxiété, ulcérés par les déceptions, ces bannis ne peuvent que souhaiter la prompte fin de leur supplice. Ils sont excusables de désirer la guerre. Aussi bien l'Allemagne, qui se proclame à tout propos le champion de la paix, compromet-elle gravement cette paix en soulevant contre elle-même, par d'odieuses rigueurs, une foule d'irréconciliables ennemis, passionnément intéressés à la ruine du Traité de Francfort. Il ne faudrait pas, quand on se donne pour le gardien de la tranquillité publique, susciter et aggraver, comme à plaisir, les motifs de discorde.

Je ne crois pas cependant que la majorité des Alsaciens-Lorrains, non plus d'ailleurs que la masse des Français, désire la guerre. Cette majorité est assez avisée pour voir les dangers et reconnaître les inconvénients d'une solution violente de la question d'Alsace-Lorraine. Outre que la guerre est par elle-même une effroyable calamité, elle est aussi très hasardeuse. Nul n'en saurait prévoir l'issue. Au lieu d'amener la délivrance de l'Alsace-Lorraine, elle en pourrait confirmer et aggraver la captivité. Si même elle se terminait par la victoire de la France, le retour des provinces perdues à la patrie française pourrait n'être pas définitif. Ce que la guerre a fait, la guerre peut le défaire. A moins d'aller jusqu'à l'extermination du vaincu, la violence provoque la revanche; elle suscite tôt ou tard de nouvelles luttes et de nouvelles catastrophes.

* * *

S'il était possible de résoudre pacifiquement la question d'Alsace-Lorraine, une pareille solution serait évidemment bien préférable à celle qui ferait dépendre du sort d'une bataille la libération des provinces annexées. Mais n'est-il point chimérique de nourrir de semblables espérances? Tel est le point essentiel sur lequel se partagent les opinions.

Or comment douter de cette possibilité, si l'on observe le mouvement actuel des idées? Quelle est, en effet, l'idée qui gagne du terrain? Est-ce celle de la guerre ou celle de la paix? Quelle est la cause qui obtient des adhérents? Est-ce celle de la Triple Alliance ou celle des adversaires de cette ligue? Il n'y a plus que M. Crispi pour s'obstiner à réclamer la guerre; et il n'y a plus que la horde des Junker, descendants attardés des adorateurs d'Irminsul, pour proclamer encore, malgré l'Évangile, la vertu du sang humain répandu sur l'autel du Dieu des batailles. La Triple Alliance, naguère toute-puissante, est aujourd'hui tenue en bride. Son fondateur est tombé en disgrâce. En Autriche, en Italie, même en Allemagne, les adversaires de cette alliance croissent en nombre, en courage et en puissance. Ses adhérents perdent leur enthousiasme. Leur caisse se vide et leur jactance tombe. Ce n'est pas sans difficulté qu'ils ont renouvelé leur pacte. Ils s'en sont cachés comme d'une action honteuse. Ils voulaient tirer à eux l'Angleterre; elle s'est défendue, avec l'accent de la pudeur outragée, de paraître publiquement en aussi mauvaise compagnie.

Étrange paix que celle dont les confédérés de la Triple Alliance s'attribuent le patronage! paix armée jusqu'aux dents, qui oblige l'Europe à ne songer qu'à la guerre, à ne cultiver assidûment que les arts de la guerre, à ne s'occuper avec passion que de préparatifs de guerre; paix louche, paix véreuse, qu'il faut à tout moment publier à son de caisse pour rassurer les peuples pénétrés d'anxiété et d'une incurable méfiance; paix ruineuse et banqueroutière, si accablante pour les nations qui la subissent qu'elles ont pu souhaiter la guerre pour y mettre fin ; paix absurde enfin et paix mensongère, car elle est pareille au repos qui précède la bataille et contraire à la véritable paix.

Et encore n'est-il même pas vrai que le maintien de cette prétendue paix soit imputable à la Triple Alliance, car il n'a pas dépendu des membres de cette ligue que la guerre n'ait éclaté en diverses occasions. Ni l'Allemagne, ni l'Italie ne se sont fait faute de provoquer la France. C'est donc une erreur grossière que de considérer la Triple Alliance comme un instrument de paix. Les autres nations, si tant est qu'elles soient tombées dans cette erreur, en sont bien revenues. Elles attribuent à l'association des puissances centrales son véritable caractère; elles y reconnaissent un formidable et menaçant instrument de guerre.

La guerre et la Triple Alliance allant de pair, il en doit être de même pour les termes contraires, qui sont, d'une part, la paix, et d'autre part, l'affranchissement de l'Alsace-Lorraine, —

puisque la ligue des puissances centrales n'a été forgée par l'Allemagne que pour empêcher cet affranchissement. — La liberté de l'Alsace-Lorraine et la paix se trouvent en conséquence, à raison du caractère assumé par la Triple Alliance, solidaires l'une de l'autre. Donc. Triple Alliance et guerre d'un côté, libération de l'Alsace-Lorraine et paix de l'autre côté, telles sont les deux formules et les deux alternatives entre lesquelles l'Europe devra choisir. Voilà ce dont il est essentiel de se bien pénétrer et ce qu'il importe de hautement déclarer. On ne saurait mieux servir la grande cause de l'humanité, en même temps que la cause particulière des Alsaciens-Lorrains, qu'en identifiant dans la conscience populaire l'affranchissement de l'Alsace-Lorraine avec l'institution de la seule véritable paix, la paix sans armes.

C'est ce qu'ont déjà proclamé les promoteurs les plus éclairés et les plus éminents de la paix internationale. Ils savent que cette paix, si on la veut sincère et durable, ne doit pas être imposée, qu'elle ne saurait résulter de traités ni d'alliances, et qu'il n'est possible de la fonder que sur le libre consentement des parties intéressées. Instituer la paix sous la forme d'un *statu quo* maintenu par un groupe de puissances coalisées, c'est en réalité commettre un coup de force et préparer de nouvelles discordes.

*
* *

Ces idées doivent être celles des Alsaciens-Lorrains, pour peu qu'ils comprennent bien leurs plus chers intérêts. Ils ne pourraient souhaiter la guerre sans marcher sur les traces de la caste violente et oppressive qui les tient sous le joug, sans abandonner les principes sur lesquels reposent leurs droits et leurs espérances, sans contribuer à l'ajournement du grand progrès social qui pourrait seul amener leur libération pleine et définitive.

Ajoutons encore à l'avantage des amis de la paix que leur opinion, estimable et honorable entre toutes, est de celles qu'on manifeste hautement, tandis que les partisans de la guerre sont obligés de cacher la leur sous peine de se discréditer. « Le Prince, dit Machiavel, ne doit jamais prononcer une parole qui ne soit remplie de pitié, de bonne foi, d'intégrité, d'humanité et de religion, moyennant quoi il fera ce qu'il voudra. » Telle est la règle de conduite suivie par nos modernes partisans de la guerre. Ils célèbrent la paix, vantent ses bienfaits, se déclarent incapables d'attaquer le voisin et de jamais prendre les armes autrement que pour leur défense personnelle. Cependant il se trouve que le voisin les attaque tout à leur convenance, nullement à la sienne, comme s'ils avaient eux-mêmes choisi le moment de la lutte. Et, loin d'être pris à l'improviste, ce sont eux qui, supérieurement équipés et entraînés, assaillent et surprennent l'agresseur. Sur quoi, levant les yeux au ciel, ils remercient dévotement la Providence d'avoir protégé contre les entreprises des méchants ses innocents et fidèles serviteurs.

Ces grimaces très bien faites ont pu imposer; mais il ne faut pas mettre le public dans la confidence, comme l'a fait étourdiment ce folliculaire italien qui exhorte son pays *à faire un emprunt monstrueux et à déclarer la guerre à la France, en ayant l'air de se la faire déclarer, suivant l'habitude de Cavour*[1]. Sachez, émule présomptueux du grand Cavour, qu'il ne suffit pas, pour contracter un emprunt, d'en avoir la bonne volonté; il faut encore trouver un prêteur. Apprenez aussi que les stratagèmes d'il y a trente ou quarante ans ont beaucoup vieilli, et qu'il est devenu extrêmement difficile de se faire déclarer la guerre que

1. Ce passage est pris dans un article du *Piccolo* de Naples du 9 janvier 1892. Le même article contient, à l'adresse de la France, d'injurieuses et grossières plaisanteries. Je me garderai de les citer, pour n'avoir pas l'air d'y attacher une importance qu'elles ne sauraient mériter, venant d'une telle feuille.

l'on désire. L'histoire des vingt dernières années en fournit des preuves irréfragables; et je ne connais, pour ma part, rien qui établisse, mieux que ce fait, le progrès extraordinaire des idées pacifiques.

C'était déjà beaucoup que, souhaitant la guerre, on se crût obligé de n'en rien laisser paraître. Aussi bien, l'hypocrisie est un hommage rendu à la vertu. Mais un autre hommage, très supérieur à celui-là, consiste dans la renonciation à cette hypocrisie, enfin mise à nu et discréditée. Ce magnifique hommage, cet hommage suprême, est celui que reçoit à présent l'idée de la paix internationale. Directes ou indirectes, les provocations à la guerre sont devenues vaines. Si bien machinées qu'elles puissent être, le public les perce à jour. L'État auquel elles s'adressent ne se croit plus obligé d'y répondre l'épée à la main; il lui est permis de les dédaigner; et on lui sait gré, non plus de sa pointilleuse susceptibilité, mais de son sang-froid et de sa modération.

Je ne vais pas jusqu'à prétendre que toute guerre entre nations civilisées soit désormais impossible. Il y a dans la vie des peuples des situations critiques où un faux pas peut amener une catastrophe; et d'ailleurs, quelque progrès que puisse faire l'homme, il reste au fond de son être une brute méchante et rusée, qu'un accident peut déchaîner. Mais, ces réserves faites, il faut convenir que nous paraissons entrer, quant aux relations internationales, dans une ère nouvelle, ère de réflexion et de prudence, dont la paix armée et la Triple Alliance ne sauraient masquer longtemps le caractère pacifique et les tendances libératrices.

⁂

Il importe que les Alsaciens-Lorrains ne se fassent point d'illusions là-dessus. Renonçons absolument, mes chers compatriotes, à l'espoir par trop improbable, et d'ailleurs quelque peu enfantin, d'une délivrance subite, qu'une grande bataille ou quelque autre évènement extraordinaire ferait pour ainsi dire tomber du ciel pour notre plus grande satisfaction. Voyons les choses comme elles sont et agissons en conséquence; comportons-nous en hommes; soyons courageux et patients, et disons-nous, pour rester tels en toutes épreuves, qu'il n'est choses durables que celles à l'accomplissement desquelles le temps a prêté son concours.

Notre cause doit être portée devant l'opinion publique. C'est devant elle qu'il faut la plaider et la gagner. Le mieux eût été de n'avoir à nous adresser qu'à l'Allemagne; mais elle a refusé jusqu'ici de nous écouter, et il ne semble pas qu'elle soit près de changer d'attitude. Bien au contraire, car elle s'efforce de consolider la Triple Alliance, expressément instituée pour nous maintenir dans la servitude. Attaquons cette coalition; montrons ce qu'elle est : sotte en Autriche, contre nature en Italie, caporalesque en Allemagne; en tous lieux rétrograde, ruineuse et oppressive, propre à asservir et à épuiser les peuples. De toutes nos forces travaillons à la rompre. Unissons-nous à ses ennemis domestiques, à ceux d'entre les sujets des puissances alliées qui s'efforcent, comme nous, de la détruire. Il s'en trouve un grand nombre en Italie, et il y en a beaucoup aussi en Allemagne et en Autriche. La foule en croît sans cesse; un jour viendra, et ce jour n'est peut-être pas éloigné, où, les mécontents étant devenus les plus forts, les deux acolytes de l'Allemagne, las de subir le pacte de misère, reprendront leur liberté. Ce sera pour nous le signal de l'affranchissement. L'Empire allemand se trouvant isolé, l'Europe pourra régler enfin cette douloureuse question d'Alsace-Lorraine, que l'Allemagne a fait surgir de sa propre autorité, pour le plus grand malheur des autres peuples.

Tout en combattant la Triple Alliance, nous avons à plaider directement notre cause. Le plaidoyer est simple. Nous demandons à disposer de nous-mêmes, à être traités en hommes, non en plantes ou en bétail, à déclarer nos sentiments et à obtenir qu'ils soient respectés. Ce vœu paraît à première vue aussi modéré que légitime; mais il faut croire que, dans l'état présent de la société, il est encore bien audacieux, ou même bien subversif, puisque nos meilleurs amis osent à peine l'accueillir. Que proposent-ils, en effet, pour résoudre la question d'Alsace-Lorraine? Presque toujours des solutions impératives, arrangements plus ou moins acceptables, dont quelques-uns au moins nous donneraient satisfaction, mais au choix desquels nous n'aurions point de part. On imagine une combinaison, neutralisation, rétrocession, rachat, échange, on la propose et on en recommande l'adoption sans s'occuper d'avoir notre consentement ou même notre avis.

Cette méthode, dangereuse dans la pratique, est vicieuse en principe. Demander la neutralisation de l'Alsace-Lorraine, ou son échange contre une colonie, ou son rachat, ou même sa pure et simple rétrocession à la France, c'est, en somme, disposer arbitrairement, une fois de plus, de deux provinces et d'un million et demi de créatures humaines. C'est agir à la façon des Allemands, qui, sans nous consulter, arrachèrent notre pays à la France pour le joindre à leur Empire. Eux aussi prétendaient nous rendre service et, en émettant cette prétention, beaucoup d'entre eux étaient de bonne foi. Que nos amis veuillent donc bien renoncer à la satisfaction de nous octroyer le bonheur. Instruits par l'expérience, nous demandons à pouvoir prononcer nous-mêmes sur notre propre destinée.

Il n'y a pas d'autre issue équitable et raisonnable à cette grosse question des nationalités. Il faut opter entre la liberté et la coercition, entre le système de la consultation populaire, instauré en France, et celui des coups de talon de botte appliqué en Allemagne. Entre ces deux régimes, l'humanité ne saurait hésiter longtemps. Elle va choisir; que dis-je, elle choisit.

*
* *

Vous rappelez-vous, chers compatriotes, le silence qui, après 1871, pesa si longtemps sur les revendications des Alsaciens-Lorrains? Sauf Garibaldi, Victor Hugo et quelques amis ou contemporains de ces grands hommes, qui nous prêtèrent vaillamment leur appui, personne n'osait alors s'occuper de nous en public. Dans les assemblées politiques, on semblait ignorer la question d'Alsace-Lorraine. C'est seulement au mois de février 1888 qu'une parole retentissante, partie des Cortès espagnoles, rompit enfin le silence officiel. Elle sortit des lèvres d'Emilio Castelar… que Dieu bénisse! Il n'avait fallu rien de moins que le scandale du régime des passeports pour ramener l'attention sur notre malheureux pays.

Depuis cette époque, on n'a pas cessé de parler de nous, d'abord par intervalles, ensuite plus fréquemment, si bien qu'aujourd'hui, grâce au nombre et à l'ardeur de nos amis, il n'est parlement en Europe où ne s'agite la question d'Alsace-Lorraine. On la soulève à Londres, à Madrid et dans les capitales de la Triple Alliance, à Vienne, Pesth, Berlin, surtout à Rome, où Matteo Imbriani ne perd pas une occasion de flétrir la *Triplice*. Comme de raison, c'est à Paris qu'on en parle le moins ; y mettre publiquement en question le Traité de Francfort serait défier l'Allemagne.

Cependant la valeur des témoignages rendus en notre faveur atteste, plus encore que leur nombre, le succès de notre cause. Cette inexorable question d'Alsace-Lorraine partage l'Europe en deux camps opposés. Sans doute, bien d'autres questions sont en jeu dans divers pays ; mais elles se trouvent subordonnées, pour le moment, à celle des annexions de 1871 ; et ceux qu'elles intéressent se rangent, selon leurs tendances, du côté de la France ou du côté de l'Allemagne. Un avantage de notre cause est qu'elle rencontre en France une approbation unanime, tandis que l'Allemagne est divisée à son propos. Cette cause, en effet, a le pouvoir d'unir les Français dans un même sentiment patriotique, de suspendre leurs querelles de parti, d'apaiser leurs dissentiments politiques et religieux. Elle tend, au contraire, à désunir les Allemands, puisque nombre d'entre eux ne se cachent point d'approuver nos revendications. La cause de l'Alsace-Lorraine est donc de celles qui grandissent les forces de leur champion et amoindrissent celles de l'adversaire. A de tels caractères on reconnaîtra, sans doute, une bonne cause, juste, salutaire, bien fondée, faite pour forcer le succès.

Avec nous, du côté de la France, sont, avec l'universalité de cette nation, tous ceux qui, dans les autres pays, aspirent à une condition meilleure, déshérités de la fortune, classes souffrantes tenues en lisière ou en servage, races captives et opprimées, malheureux de toute espèce et de toute condition, tous partisans de la Révolution, française, des droits de l'homme et de ceux des peuples.

Contre nous, dans le camp allemand, les satisfaits, les privilégiés, ceux qui trouvent que le monde, tel qu'il existe, est bien fait, qui mettent la force au-dessus du droit et le bon plaisir au-dessus de la loi, tous partisans du *statu quo* et ennemis jurés de la Révolution.

Le camp de la France est plus nombreux; celui de l'Allemagne, mieux armé. Lequel des deux l'emportera? Sûrement le premier : parce que ceux qui le composent ayant besoin de vaincre, tandis que leurs adversaires visent seulement à conserver leurs positions, apporteront dans la lutte plus d'ardeur et de ténacité; parce qu'ils ont l'avantage de l'offensive; parce que, de plus en plus, la victoire est au nombre; enfin, point capital, parce que ceux qui luttent pour l'existence sont aujourd'hui très bien conduits. Leurs chefs sont les hommes de cœur et d'intelligence, d'action et de pensée, philosophes, hommes d'État, orateurs, philanthropes, tribuns populaires, poètes, écrivains, qui vouent leur talent et leurs peines au redressement des torts dont souffre l'humanité.

Dans tous les pays d'Europe, ces apôtres du progrès, propageant leurs doctrines, gagnant l'opinion, émouvant les consciences, accomplissent des prodiges. A leur voix, les haillons disparaissent, les plaies guérissent, les cadavres rappelés à la vie quittent leurs linceuls. Tu vas pouvoir témoigner de leur puissance, sympathique et malheureuse Irlande! que le *great old man* ressuscite en ce moment. On ne résiste point à ces conquérants d'âmes. C'est marcher à la défaite que d'engager la lutte contre eux.

Afin de réussir plus sûrement et plus vite, ils se réunissent fréquemment, mais non à huis clos, pour former des pactes secrets, à la façon des conspirateurs ou... des souverains. Ils s'assemblent en public, tiennent, portes ouvertes, des Conférences et des Congrès, plaident en faveur de la paix, recommandant l'arbitrage pour vider les différends internationaux, et se concertent entre eux sur les meilleures voies à suivre pour donner à leurs principes des effets pratiques. Nombre d'entre eux se réuniront prochainement à Berne. Réjouissons-nous, chers compatriotes; ils s'occuperont de nous. L'une des questions sur lesquelles portera leur délibération est la *question des nationalités*, ou, en termes plus explicites, la détermination des caractères spécifiques des nationalités. C'est, en définitive, sous une forme générale, la question d'Alsace-Lorraine.

Ainsi, cette grave question sera débattue en Suisse, c'est-à-dire dans le milieu le plus propice à son examen, sur un terrain où, regardant autour d'eux, les membres du Congrès auront le spectacle de la nation la plus divisée au point de vue géographique et ethnographique, et néanmoins la plus compacte, la plus solidement unie au point de vue social et politique. Jetant ensuite les yeux un peu plus loin, par delà Bâle, ils verront, en Alsace-Lorraine, le spectacle exactement contraire; et s'ils jugent des mérites respectifs de ces deux systèmes opposés : agrégat par option et agrégat par coercition, ils ne pourront pas manquer de reconnaître que le coude du Rhin marque la limite entre les deux solutions extrêmes du problème des nationalités; au sud, la solution la plus avancée et la plus élevée, caractérisée par le libre consentement des populations, ou, selon la charmante expression de M. Renan, par « le plébiscite de tous les jours », sans lequel, en effet, la Suisse ne pourrait pas tenir ensemble; au nord, la solution la plus arriérée et la plus brutale, caractérisée par la violence, la séquestration et les persécutions de toute nature.

Ce saisissant contraste est la plus instructive et la plus éloquente plaidoirie en faveur de la cause des Alsaciens-Lorrains. Il y a longtemps que ceux-ci, retirés par la France du bourbier germanique, partagent sur le principe des nationalités les sentiments de leurs anciens alliés et excellents amis de Suisse. S'ils n'en avaient pas été pénétrés de longue date, l'Europe n'aurait pas entendu les généreuses paroles de protestation prononcées à Bordeaux, le 16 février 1871, par les députés des malheureuses provinces cédées à l'Allemagne. C'est par ces paroles, qui ont fait frissonner d'angoisse, lorsqu'elles furent dites, toutes les âmes fières et vraiment nobles, que je veux terminer cet écrit.

« L'Europe ne peut permettre ni ratifier
« l'abandon de l'Alsace et de la Lorraine.

« Gardiennes des règles de la justice et du
« droit des gens, les nations civilisées ne sauraient
« rester plus longtemps insensibles au sort de la
« France, sous peine d'être, à leur tour, victimes
« des attentats qu'elles auraient tolérés. L'Europe
« moderne ne peut laisser saisir un peuple comme
« un vil troupeau ; elle ne peut rester sourde aux
« protestations répétées des populations menacées ;
« elle doit à sa propre conservation d'interdire
« de pareils abus de la force. Elle sait, d'ailleurs,
« que l'unité de la France est aujourd'hui, comme
« dans le passé, une garantie de l'ordre général
« du monde, une barrière contre l'esprit de con-
« quête et d'invasion. La paix faite au prix d'une
« cession de territoire ne serait qu'une trêve rui-
« neuse et non une paix définitive. Elle serait
« pour tous une cause d'agitations intestines, une

« provocation légitime et permanente à la guerre.

« En résumé, l'Alsace et la Lorraine protestent « hautement contre toute cession; la France ne « peut la consentir, l'Europe ne peut la sanctionner.

« En foi de quoi nous prenons nos concitoyens « de France, les gouvernements et les peuples du « monde entier, à témoin que nous tenons « d'avance pour nuls et non avenus tous actes ou « traités, vote ou plébiscite qui consentiraient « abandon, en faveur de l'étranger, de tout ou « partie de nos provinces de l'Alsace et de la « Lorraine.

« Nous proclamons, par les présentes, à jamais « inviolable le droit des Alsaciens et des Lorrains « de rester membres de la nation française, et « nous jurons, tant pour nous que pour nos com« mettants, nos enfants et leurs descendants, de « le revendiquer éternellement et par toutes les « voies envers et contre tous usurpateurs. »

TABLE DES MATIÈRES

25176. — Imprimerie Lahure, 9, rue de Fleurus, Paris.

Trois empereurs d'Allemagne. Guillaume Ier, Frédéric III, Guillaume II, par M. ERNEST LAVISSE, de l'Académie française, professeur à la Faculté des lettres de Paris. 1 vol. in-18 jésus, broché. **3 50**

Pour déterminer la place de l'empereur *Guillaume Ier* dans l'Histoire, l'auteur retrace à grands traits le passé de l'antique Allemagne et de la toute moderne Prusse.

En *Frédéric III*, tous les documents, actes et paroles, mettent en lumière l'honnête homme aux sentiments élevés, humains, le philosophe de Gouvernement, peu fait pour régner sur l'Allemagne telle que les derniers événements l'ont faite.

Que sera *Guillaume II?* M. Lavisse essaye de le deviner d'après sa jeunesse, son éducation, ses propos, les opinions exprimées par ses ennemis et ses défenseurs, enfin d'après ses actes, discours et manifestes depuis son avènement.

Vue générale de l'Histoire politique de l'Europe, par M. ERNEST LAVISSE. 1 vol. in-18 jésus, broché. **3 50**

M. Ernest Lavisse a su, dans l'*immense enchaînement* des affaires européennes, choisir les faits indéniables, écarter les circonstances incertaines ou obscures, et il a, par cette simplification de l'histoire, rendu possible une vue d'ensemble de la formation, à travers les âges, de la carte moderne de l'Europe. Sans se laisser entraîner par son patriotisme à exagérer la place de la France dans le monde, l'auteur la trouve toujours au premier rang des nations qui ont constamment lutté contre les conséquences brutales, contre la fatalité des faits matériels d'ordre géographique ou politique.

Regards historiques et littéraires, par M. le Vicomte E. MELCHIOR DE VOGÜÉ, de l'Académie française. 1 vol. in-18 jésus, broché. **3 50**

Ce volume n'est pas un recueil de critique. En prenant sujet de quelques ouvrages d'histoire, de voyages et de poésie, l'auteur s'est proposé de regarder, à travers ces livres, l'Allemagne, la Russie, les pays d'Orient, et certaines idées directrices de l'histoire dans le monde antique, dans le moyen âge, dans le temps présent. Il a essayé, pour des époques et des lieux divers, de reconstituer quelques tableaux de la vie humaine et de dégager quelques-unes des lois qui ont présidé au développement de l'humanité.

Spectacles contemporains, par M. le Vicomte E. MELCHIOR DE VOGÜÉ. 1 vol. in-18 jésus, broché. **3 50**

En retraçant les « spectacles » qui ont le plus vivement frappé l'imagination des contemporains, au cours des dernières années, l'auteur s'est proposé d'écrire quelques chapitres de ce qui sera plus tard l'*Histoire de notre temps*. Le rôle actuel et les transformations de la Papauté, les tragédies de la mort en Russie et en Allemagne, les changements amenés par ces tragédies dans la vie des deux empires, l'ouverture simultanée de l'Asie centrale et de l'Afrique au génie européen, l'expansion de nos races dans ces deux mondes nouveaux : tels sont les faits auxquels l'écrivain s'est attaché de préférence, en essayant de déterminer leurs causes et leurs effets dans l'histoire générale de cette fin de siècle.

Excursions archéologiques en Grèce, par M. Ch. Diehl, ancien membre des écoles françaises de Rome et d'Athènes, professeur à la Faculté des lettres de Nancy. 1 vol. in-18 jésus, broché. . . . . **4** »

Ouvrage couronné par l'Académie française (Prix Montyon).

Ce volume contient un résumé des grandes découvertes archéologiques du xixe siècle. En lisant ces pages où l'auteur a évité tout étalage d'érudition, on suivra les étapes successives de l'art grec depuis ses origines, telles que nous les montrent Mycènes et Tirynthe, jusqu'à son complet épanouissement dans les monuments des plaines d'Olympie et dans les exquises merveilles de Tanagra.

Des plans dressés avec soin retracent les divers champs d'exploration et la disposition des monuments exhumés.

La Grèce d'aujourd'hui, par M. Gaston Deschamps. 1 vol. in-18, jésus, broché. . **3 50**

Ancien membre de l'école française d'Athènes, M. Gaston Deschamps a habité la Grèce pendant trois ans : il se trouve donc à même de décrire l'état actuel de ce pays.

L'auteur ne s'est pas contenté de recueillir, au cours de ses voyages, d'amusants traits de mœurs et des caricatures piquantes. Il a tâché de saisir, à travers les incertitudes du présent, l'âme d'un peuple vaillant qui est justement fier de son passé et qui a confiance dans l'avenir.

M. Gaston Deschamps a noté les progrès de l'hellénisme et exposé, avec impartialité, le hardi programme de cette nation qui vit de grands souvenirs et de grandes espérances.

www.ingramcontent.com/pod-product-compliance
Ingram Content Group UK Ltd.
Pitfield, Milton Keynes, MK11 3LW, UK
UKHW020307180726
13839UKWH00001B/404

9 782329 558752